Крис Тайгрин

# Библия за 90 дней

БИБЛЕЙСКОЕ ЧТЕНИЕ НА КАЖДЫЙ ДЕНЬ
ОТ «ПУТЕШЕСТВИЯ ПО БИБЛИИ»

ПУТЕШЕСТВИЕ
ПО БИБЛИИ
www.wtb.kiev.ua

УДК 27-277

ББК 86.37-2

**Крис Тайгрин**

Т14 Библия за 90 дней. Библейское чтение на каждый день. – Киев: «Путешествие по Библии», 2015. – 276 стр.

ISBN 978-966-96906-8-5

В этой книге Крис Тайгрин проводит читателя через Писание, размышляя о том, как каждая история и тема, словно детали мозаики, находит свое место в Божьем литературном шедевре о любви, вере и спасении. Автор показывает, что у Бога на сердце, и помогает по-новому осмыслить ту великую историю, которую Он пишет в жизни каждого человека.



Originally published in English under the title:
90 Days Thru the Bible: A Devotional Journey from Walk Thru the Bible by Chris Tiegreen


ISBN 978-1-4143-5309-8

Published by Tyndale Momentum. Tyndale Momentum is an imprint of Tyndale House Publishers, Inc.
www.tyndalemomentum.com

*Посвящаю эту книгу Джону Фрецу, Сэнди Айдсон и Мэгги Элдридж —*
*с искренней благодарностью за почти тридцатилетний труд*
*в организации семинаров «Путешествия по Библии».*
*Благодаря вашим неустанным стараниям,*
*более двух миллионов людей смогли лучше понять*
*Божье Слово — его отдельные идеи и общий смысл.*

*«Ибо только Я знаю намерения, которые имею о вас, —*
*говорит Господь, — намерения во благо, а не на зло,*
*чтобы дать вам будущность и надежду»* (Иер. 29:11).

# СОДЕРЖАНИЕ

# ВВЕДЕНИЕ

Можно предположить, что самая популярная в истории человечества книга будет также и самой понятной — но нет. Хотя множество людей нашли вдохновение на страницах Библии, тех, кто прочитал ее от начала до конца, гораздо меньше. Многие уверовали в ее центральную идею, но мало кто уяснил для себя все события, которые она описывает. В отличие от Благой вести, простой и доступной даже ребенку, эпическая Божья история сложна и способна озадачить лучшие умы человечества. Легче запомнить отдельные эпизоды, чем составить общее представление обо всем произошедшем.

Многие могут пересказать основную сюжетную линию Библии: Бог создал прекрасный мир, люди согрешили, но Бог через некоторое время послал им спасение — в лице Своего Сына Иисуса Христа, отдавшего жизнь в жертву за грех. Потом Он воскрес, вознесся на небеса, но однажды вернется и будет править вечно. Многие также переняли от героев Библии важные жизненные принципы: веру от Авраама, мужество от Давида, победившего Голиафа, сострадание от доброго самарянина, прощение от отца из притчи о блудном сыне. Однако в то же время значительные части Закона и Пророков — и даже некоторые новозаветные послания — остаются почти нетронутыми. В тени у главных событий и некоторых популярных историй прячутся малоизвестные фрагменты Писания. В Библиях современных христиан обычно есть как зачитанные страницы, так и девственно чистые; где какие — легко предсказать.

Вполне возможно, что мы хорошо подкованы в одних библейских темах и в то же время понятия не имеем о других, тоже немаловажных. Даже зная ключевые доктрины нашей веры, — особенно те, на которых делается акцент в нашей конфессии или в исторической традиции, — мы порой можем упускать из виду Божье сердце. Сам этот парадокс тоже описан в Библии. В истории Божьего народа были целые поколения, назубок знавшие свои священные тексты, но не распознавшие Божий голос в устах пророков; многие даже не узнали Мессию, когда Он пришел, так как рассматривали Писание под своим углом и не поняли самого главного в нем. Мы не хотим повторить эту ошибку. Мы не имеем права заявлять об истинности Божьего Слова, если сами не знаем существенных его частей. Какую силу имеет наше свидетельство о том, что Творец Вселенной открывает Себя людям на страницах Библии, если мы признаем, что не прочли эту книгу полностью? К сожалению, мы слишком часто поем дифирамбы Слову, не подкрепляя это стараниями изучить его как можно полнее.

Разумеется, эта программа библейского чтения, рассчитанная на девяносто дней, не даст вам полного понимания всего Писания — невозможно реализовать столь обширную задачу в обзорных ежедневных зарисовках. Цель этого пособия в другом: выделить основные темы каждой библейской книги и помочь вам задуматься о том, какой вклад вносит каждая из них в общую Божью историю. В определенном смысле это всего лишь обзор, но мне больше нравится сравнивать его с мозаикой: мы можем полюбоваться каждым отдельным элементом и найти его место в общей картине. В процессе мы познакомимся с основными лицами, событиями и темами Библии и ощутим течение, связывающее их всех. Мы увидим, как Бог являл Себя и Свои цели в разные века и через разных людей. Величие Писания вдохновит нас и поможет еще больше оценить красоту Божьего сердца.

В основе этого изучения, в самом факте существования Библии, лежит важная истина, которую наш мир часто не признает: Бог говорит. Он не безмолвен. А из этого также следует, что Он не отстранен и не безразличен к нам. Он не часовщик, который завел часовой механизм под названием «земля» и отстранился от дел, предоставив механизму функционировать самостоятельно. Он не «домовладелец в длительном отъезде», как думают некоторые. Нет, Бог жаждет общения с нами. Он хочет поделиться с нами Своими желаниям, целями, ответами на вопросы. Он хочет, чтобы мы Его познавали.

Это ключевая истина, и когда мы понимаем ее значение, — Бог не просто говорит, а обращается к нам, — наша мотивация возрастает, и наша жизнь меняется. Каждый, кто интуитивно знает о существовании Бога, знает также, что это такое — молиться Ему и отчаянно ждать Его ответа. Весь мир ищет истину. Простое осознание того, что наш Бог не молчит и что Он явил Себя не только миру в целом, но и каждому лично, вдохновляет нас на дальнейшие вопросы и поиски ответов. Мы хотим узнать больше. Мы знаем, что Его Слово необходимо нам, и стремимся его понять.

Эта книга направит нас в исследовании Слова, данного нам от Бога. Здесь не хватит места всем подробностям, событиям и персонажам; чтобы узнать о них, нам нужно читать непосредственно Библию. Но она даст представление о богодухновенных произведениях, вошедших в Писание, в том числе и о тех, которые часто ускользают от нашего внимания, и прольет свет на главные жизнеизменяющие темы, определяющие смысл нашего существования. Надеюсь, что, читая эту книгу, вы услышите голос Самого Бога.

ДЕНЬ 1

# ВЕТХИЙ ЗАВЕТ

Ветхий Завет может испугать не только своим объемом, но и сложностью. Некоторые его истории кажутся простыми, но вдумчивое чтение осложняется перечислениями законов и ритуалов, историй жизни царей и пророков, которые не всегда приведены в хронологическом порядке. В них прячется множество слоев содержания и значения, незаметных на первый взгляд. Сердце истории может потеряться в деталях так же, как и ее настоящий автор, Бог.

Читая Ветхий Завет, очень важно разглядеть развитие некоторых персонажей и тем. Мы увидим людей, созданных по образу и подобию Бога, вынужденных скитаться после своего бунта против Творца. Среди множества разных людей Бог выберет мужа, даст ему семью, из которой потом создаст целый народ. Избранный и взращенный Богом народ после долгих лет жесткой дисциплины все равно отдаст свои сердца мелким богам, но это не заставит Бога отступиться от него. Все эти события создают контекст для сверхъестественного чуда нового творения.

Мы также увидим сюжетную линию Бога, прежде всего Творца, Судьи и всесильного Господина. Его более личные черты характера раскроются, когда Он предстанет в качестве Спасителя, Искупителя, Целителя и Кормильца. В продолжение истории мы увидим в Боге не только Господина, но и заботливого Пастыря, и сострадательного Отца. В Новом Завете этот путь близости продолжится до Друга и даже Жениха. Снова и снова Бог будет пытаться стать ближе Своему народу. Отношения, которые начинались как миссия по спасению, превратятся в ухаживание, помолвку, а позже в брак человеческого и божественного. Библейская история рассказывает также о периодах отчужденности людей, но даже в то время Бог заявлял о Себе словами многочисленных пророков.

Наказание — лишь одна сторона Божьей любви, к тому же далеко не основная. Сквозь весь Ветхий Завет прослеживается Божье присутствие и желание, чтобы Его народ о Нем знал. Грехопадение разрушило отношения человека с Богом, но расстояние между ними преодолевалось постоянным присутствием Бога: сначала в скинии, а позже в храме. Пророки непрерывно предвещали предстоящее сближение людей с Богом. В течение всей истории Бог постоянно открывал Себя людям.

Эти отношения с Богом — партнерство, которое началось еще в период сотворения мира, когда человек взял на себя ответственность заполнить землю и овладеть ею. Партнерство продолжилось и позже, когда Бог отделил нацию священников, свет для отражения Своей славы, носителей Его истины. В конце Писания эта миссия вписывается в контекст полномасштабного Божьего Царства, в котором нам предопределено не только служить Богу, но и править с Ним. У нашего Бога есть для нас план.

Центральное место в этом плане, ключ к спасению — это жертвенная смерть Бога в человеческом теле, Иисуса Христа. Распятие не было «запасным планом». Бог избрал такой путь, поскольку стремился к полноте близости с нами, Его творением. Намеки на Божий план спасения через приход обещанного Мессии можно увидеть практически в каждой книге еврейского Писания — в символах, знаках и примерах, в историях самых обычных людей, которые не подозревали, что их жизнь станет поучительной притчей для потомков. Ветхий Завет содержит множество указаний на будущий приход Мессии, Новый же Завет рассказывает о деяниях живого, воплощенного и воскресшего Бога. Именно Он — Бог, лично вошедший в созданный Им мир, — центральная фигура всей истории.

Прежде чем войти в человеческую историю в плоти и крови, Бог столетиями готовил Свой путь. Он действовал через Свой народ, говорил устами пророков и собирал Свой план из разрозненных фрагментов. Он звал и взращивал, наказывал и воспитывал, постепенно раскрывая Свою сущность. Потребовалось много времени, чтобы воплотить главное желание Бога — обратить к Себе весь Свой народ.

### ВОПРОСЫ ДЛЯ РАЗМЫШЛЕНИЯ

Какие первые ассоциации возникают у вас, когда вы думаете о Ветхом Завете? Насколько он важен для понимания Нового Завета, на ваш взгляд? Почему?

## ДЕНЬ 2

# БЫТИЕ, 1–3

В определенном смысле в книге Бытие содержится вся Библия. Конечно, многое подается в завуалированной форме, в книге есть лишь намеки на Божий план искупления как конечную цель для человечества. Тем не менее, пятьдесят глав Бытия удивительным образом охватывают весь смысл Писания. Именно здесь посажено зерно всех аспектов нашей веры. Мы читаем о Творце, довольном результатом Своей работы, и узнаем, почему наша нынешняя жизнь так непроста. Мы лучше понимаем свои собственные трудности, анализируя историю народов, изображенных в этой книге. У нас есть возможность взглянуть на общую картину плана Бога, Который вмещает в Своем сердце весь мир. В книге Бытие мы знакомимся с конкретными личностями, на которые Он опирается в Своей стратегии, и в их примере можем найти утешение для себя: оказывается, Бог успешно действует через людей с недостатками и пороками. Мы видим портрет Бога, Который пришел выкупить погибшее, и сталкиваемся с фундаментальными жизненными вопросами.

Книга Бытие дает нам ответы на наши вопросы, пусть не полные и не систематизированные. Многие другие религии рассматривают историю жизни на земле как бесконечный цикл рождения, смерти и перерождения; светская же наука призывает верить лишь в то, что мы видим. Однако Библия говорит нам, что человеческая жизнь произошла из сверхъестественного источника, развивается линейно и в конце концов достигнет счастливой кульминации, которая станет вечностью. В этой истории есть смысл и направленность, а также ответы на терзающие нас вопросы: «Почему мы здесь?», «Какой во всем этом смысл?», «Если Бог существует, каков Он?» Бытие — это Розеттский камень человеческого существования, ключ к тайнописным ответам на глобальные вопросы. Нам все равно придется интерпретировать, и многие детали добавятся позже, но ключ уже в наших руках.

Все начинается с голоса — Бог говорит в темную пустоту и создает огромную Вселенную, где как минимум на одной крошечной планете кипит жизнь. Словно кистью художника, голос рисует свет и тень, цвета, моря и континенты, флору и фауну. Затем Он создает венец творения: вдыхает жизнь в прах и лепит человека по Своему образу. На каждом этапе Художник доволен Своей работой. Все хорошо — пока Он не замечает, что первый человек одинок. Это нехорошо. Тогда Он создает ему спутницу, также носительницу Его образа. Вместе мужчина и женщина отражают Божью силу и красоту, власть и благодать, Его способность покорять и побеждать, питать и поддерживать. Людям дается задание наполнять землю потомками — приумножать Божий образ — и покорять дикую природу. Иначе говоря, красота и порядок Эдемского сада должны распространяться по земле дальше.

Но вместо этого, вместо распространения блага, нарастает хаос непослушания. Все начинается со змея — обманщика и искусителя, который бросает тень на Божью благость. А что если добрый Творец прячет от людей что-то хорошее? Так уж ли они на Него похожи? Наверняка нет, если у них нет Его знания, нашептывает змей. Наверняка нет, если Он поместил у них перед глазами такой прекрасный плод и запретил его есть. Чтобы зародить в людях сомнение, достаточно немного исказить Божьи слова и представить ситуацию так, чтобы показалось, что Он держит в секрете важную и нужную для людей информацию.

И они вкушают плод — сначала женщина, затем мужчина. И змей оказывается прав — теперь они знают то, чего раньше не знали. Они видят разницу между добром и злом. Они могут рассудить, что хорошо, а что плохо, и могут судить не только друг друга, но даже Самого Бога. Теперь история наполнится обвинениями в адрес Бога, заявлениями, что Он на самом деле не благ — все потому, что носители Его образа поддались лжи, впустили зло в свою жизнь, а затем обратили свою новоприобретенную способность судить против Бога. Они не учитывают, что их обзор ограничен, а мир искривлен (хоть и сознают это в глубине души). Долгие века носители теперь уже искаженного Божьего образа будут бороться друг с другом, с миром и с Богом, сотворившим Его. Боль и страдание будут неотъемлемой частью их существования.

Несмотря на все это, у Бога есть план. Если внимательно вчитываться в книгу Бытие, возникает ощущение, что Его реакция на грехопадение спланирована, что Он заранее знал, что произойдет, и действовал соответственно. Гораздо дальше в Библии написано, что Агнец был заклан от сотворения мира, что жертва за нашу непокорность была непреложным фактом еще до того, как мы эту непокорность проявили. Бог знает все наши ошибки, прежде чем мы их совершаем, и вплетает их в Свой план. Он всегда знал, что история примет такой курс, и сделал все необходимые приготовления. Остальная часть Писания рассказывает, какие это были приготовления.

### ВОПРОСЫ ДЛЯ РАЗМЫШЛЕНИЯ

Как из книги Бытие следует, что Бог уже спланировал путь спасения от греха? Верите ли вы, что подобным образом у Бога уже есть выход из наших сегодняшних проблем? Почему (или почему нет)?

## ДЕНЬ 3

# БЫТИЕ, 4–11

Времени от грехопадения и до жизни Авраама уделено лишь несколько страниц Библии, но они покрывают, вероятно, тысячи лет человеческой истории. Жизнь за пределами

Эдемского сада жестока — брат убивает брата; целое поколение людей доходит до такого разврата, что Богу приходится стереть его с лица земли, за исключением одного человека по имени Ной и его семьи. За спасением этой семьи незамедлительно следует новое проклятие, когда один из сыновей Ноя открывает наготу своего отца; гордые люди в равнине Сеннаар, где позднее будет Вавилон, решают «сделать себе имя», построив башню до небес. Их строительный проект терпит крах, когда Бог смешивает их языки. Вавилон становится символом тщетности человеческих усилий, места, где рушатся самонадеянные планы. По Божьему усмотрению, история полна подобных неудач. Людям не дано «добраться до Бога» или самостоятельно решить свои проблемы.

Мы склонны рассматривать Библию в основном через призму своей судьбы и предназначения: что она говорит о нас, к каким действиям нас призывает и так далее. Однако в первую очередь это откровение о Боге. Подумайте, как многое Бог открывает нам о Себе уже в первых одиннадцати главах Бытия — древнейшей истории, от сотворения мира и до избрания Авраама отцом народов. Бог обладает абсолютной властью, Своим словом Он может создавать целые миры. Он очень доволен плодами Своих трудов — это подтверждается одобрительным «хорошо» на каждом этапе творения. Злые поступки гневят Его, а их последствия — печалят; это видно из поражения людей в Эдемском саду и событий, предшествующих потопу. Мы видим, насколько Он отличается от людей, и в истории творения, и в том, как Ему пришлось «сойти» сверху вниз, чтобы взглянуть на высочайшее «достижение» человечества. Мы также можем усмотреть Его предвидение и милость в том факте, что Его план искупления был готов еще перед тем, как носители Его образа согрешили. Даже до того как зло вторглось в Его творение, Бог уже проявил Свою бесконечную любовь. Его характер проступает уже на первых страницах Библии.

Из этих же одиннадцати глав мы многое узнаем и о себе. Во-первых, мы созданы по образу и подобию Божию. Другими словами, у нас особое устройство, позволяющее общаться с Богом предельно глубоко, на интеллектуальном, эмоциональном и духовном уровнях. Почему Он так нас устроил? Явно потому, что Он хочет от других существ не только почтения, — это, в принципе, могли бы обеспечить и ангелы, — но и двустороннего общения, где обе стороны, в большей или меньшей мере, могут и отдавать, и принимать.

Мы также узнаем, что, когда человек восстал против Бога, Его образ в человеке пострадал. Наша связь с Богом была в значительной мере утрачена, а без нее мы все глубже и глубже погрязаем в заблуждениях, грязных мыслях, неадекватных эмоциях и неподобающих поступках. Все это имеет место, когда мы сосредоточиваемся на себе, а не на Боге.

В результате мы забываем ту миссию, которую человечество получило в Эдемском саду — наполнять землю и владычествовать над ней, насаждать Божий сад за пределами Эдема, управлять землей, которая некогда была «безвидна и пуста»; вместо этого мы предаемся собственным планам и задачам. Плод от дерева познания добра и зла принес в нашу кровь большую дозу независимости; ее спутником всегда выступает самоуверенность. Сбившись с пути и отдалившись от Бога, мы становимся Его противниками: не потому, что Он желает вражды с нами, а потому что для Него неприемлемо выбранное нами направление. Он посылает на землю потоп из-за человеческой развращенности. Он ссорит людей между собой в Вавилоне, так как они пытаются общими усилиями возвести себе памятник и водрузить на него знамя самопровозглашенной религии. В первых нескольких главах книги Бытие творение явно не справляется со своим предназначением. Пока еще.

ВОПРОС ДЛЯ РАЗМЫШЛЕНИЯ

Каким образом в 4–11-й главах книги Бытие раскрывается смысл истины, описанной в Послании к римлянам (8:20–21)?

## ДЕНЬ 4

# БЫТИЕ, 12–24

В двенадцатой главе книги Бытие повествование переходит от всеобщей истории к истории определенного народа: Бог выбирает человека по имени Авраам, заключает с ним завет и начинает отделять Свой народ. В отношениях Бога с Авраамом, равно как и с другими людьми впоследствии, Бог раскрывает Себя как Личность. Через Авраама, Он являет нам, что означает слушать и знать Его, показывая, что такая близость доступна всем, кто к ней стремится. Патриархи — однозначное свидетельство того, что Бог создал людей для отношений; на примере Авраама можно учиться, как развивать дружбу с Богом.

Но поначалу это была весьма специфическая дружба. История Авраама начинается с бесплодия его жены и скитаний всей семьи. Это полная противоположность изначальному замыслу — плодовитости и прекрасному саду в качестве места проживания. Однако такая среда идеально подходит для того, чтобы всей душой прилепиться к Божьим обетованиям о множестве потомков, о прекрасной земле — о том, что Божьи люди вернутся к жизни, предназначенной им от начала. Есть ли лучший способ явить Свой замысел и силу, чем пообещать бездетному человеку неисчислимое множество потомков или призвать кочевника в землю, которая перейдет в наследство множеству поколений? Богу нравится обращать кажущиеся противоречия в чудесное свидетельство Своих намерений.

Так Ему свойственно действовать, и мы убедимся в этом много раз, и в библейской истории, и в своей собственной. Он обращает наши затруднительные ситуации в арену для проявления Своего характера и силы. У нас есть нужды, Он обещает их восполнить — и восполняет, хотя порой после длительного и болезненного ожидания, закаляющего нашу веру. Возрастание в вере и в отношениях с Богом — это процесс длительный и редко когда комфортный. Чему можно научиться у патриархов Бытия, так это тому, что Божье избрание всегда сопровождается и *болью*, и *надеждой на обетования*.

Этот «танец» боли и надежды Авраама и Сарры не прекращался двадцать пять лет, пока они ждали рождения своего первенца. За это время случилось много чего: Авраам не защитил свою жену от посягательств, зачал ребенка со служанкой Сарры, не очень хорошо поступил с матерью этого ребенка, пытался «помочь» Богу в воплощении Его обещания, наконец, смеялся, когда Бог еще раз напомнил ему, в чем состоит это обещание. Тем не менее, Новый Завет хвалит Авраама за веру и отсутствие колебаний. Когда его «сын обетования» Исаак был уже юношей, Бог послал Аврааму самое тяжелое испытание веры. Нужно было принести в жертву этого сына, единственное звено, через которое, во исполнение обетования, у Авраама могло появиться множество потомков. Может показаться, что Бог дразнит Авраама: то обещает и заставляет ждать, то забирает подарки назад. Однако Он ясно говорит, что наградит тех, чья вера в Него непоколебима, независимо от обстоятельств. Ему нужны люди, которые будут доверять Ему, даже если Его воля кажется непонятной. Хотя Бог, конечно же, знает, как будет развиваться дальше Его сюжет, сам Авраам не осознает всей значимости этого драматического эпизода своей жизни; ведь жертвоприношение Исаака — это прообраз того, как Бог-Отец много веков спустя принесет в жертву на кресте Своего Сына. Тем не менее, вера Авраама уже укрепилась настолько, что он повиновался Богу без вопросов. Задним числом, такая вера восхищает, но в разгар событий мы наверняка бы осудили Авраама. Истинно верующий человек понял бы, что Бог никогда не приказал бы совершить столь ужасный поступок! Но это все же был Бог, и Авраам его послушал. Он видит не только видимое. На такой вере строится вечное Царство.

Сарру Библия тоже хвалит за веру, хотя ей так же сложно принять Божье обетование, как и Аврааму. Как и ее муж, она смеется, когда после многих лет ожидания Бог напоминает, на что им следует надеяться. А затем она еще и отрицает, что смеялась. Божий ответ — «Есть ли что трудное для Господа?» — одно из ключевых убеждений всех людей веры. Разумеется, для Него нет ничего трудного. Он может помочь служанке по имени Агарь, когда та скитается по пустыне с «запасным» сыном Авраама. Он может защитить Сарру, когда ее муж уклоняется от этой обязанности. Он может вплести наши наихудшие ошибки в Свои планы. Он может осудить непокорные города, такие как Содом и Гоморра, но явить Свою благодать даже посреди суда. В Бытии мы видим начало Его великих чудес, которые будут продолжаться в формировании еврейского народа, в подготовке к приходу Мессии, в нашей с вами жизни.

Есть ли что трудное для Господа? Каждый из нас должен ответить на этот вопрос. Готовы ли мы поверить Божьим обещаниям и ожидать их исполнения? История Божьих отношений с Его народом начинается с надежды, обетований и веры — и эти темы сохраняют свою актуальность и сегодня.

Даже сейчас надежда на Бога греет нас настолько, насколько мы принимаем Его обетования.

ВОПРОСЫ ДЛЯ РАЗМЫШЛЕНИЯ

Приходилось ли вам ждать исполнения Божьего обетования очень долго — почти как Аврааму и Сарре? Какие искушения были у них, пока они ждали? У вас тоже случались подобные искушения? Как вы с ними справились?

ДЕНЬ 5

# БЫТИЕ, 25–36

Боль и надежда на обетования наполняли жизнь не только Авраама, но и его внука Иакова. Однажды ночью — а может, и всю жизнь, в зависимости от нашего толкования этой истории, — Иаков борется с Богом, и вся его последующая жизнь напоминает об этом. Удивительно, но в этой борьбе он еще и побеждает — он не сдавался, пока его Соперник не увидел, что «не одолевает его» (Бытие, 32:25). За это Иакову причитается не упрек, как подсказывает нам религиозное чувство, а похвала, с переменой имени и основанием одноименного народа. В этом происшествии Бог рождает Израиль. Этот Бог приглашает к борьбе тех, кто создан по Его образу; Он стремится к отношениям и снисходит до уровня людей, чтобы отношения были обоюдными. Действительно, Он требует от людей веры, но в то же время Он поощряет вопросы и уважает тех, кто смел и не боится вступать с Ним в борьбу. Если бы Бог создал человека исключительно как слугу, Он бы такого не потерпел. Но Он терпит и даже приветствует, поскольку создал людей для близости. Таким мы видим Бога, начиная с самых первых страниц Писания.

История Иакова, как и его отца, начинается бесплодием. Его мать Ревекка никак не могла забеременеть. Почему-то бесплодие очень часто упоминается в Писании. Бог дал столь желанных детей Сарре, Ревекке, Рахили, Анне, Елизавете и другим женщинам — но только после долгих и тяжких лет ожидания. Это образ непреодолимых трудностей, которые бывают у всех нас — в личной жизни (связанные с нашими мечтами и желаниями), в семье или в церкви (связанные с исполнением нашего предназначения), в мире (связанные с искуплением нашей несчастной падшей планеты). Бог умеет дать надежду в безнадежности, плод при бесплодии, исполнение неисполнимого и даже жизнь после смерти. В конце концов, у Исаака и Ревекки рождаются близнецы, которые сражались за первенство еще в утробе матери. Первым рождается Исав, но Иаков лишь чуть-чуть отстает от него, держа своего брата за пяту.

Конкуренция между братьями продолжается годами. Иаков выманивает у старшего брата право первородства, который, следует заметить, отдает его довольно охотно. Когда приходит время для отцовского благословения, Иаков и его мать обманывают старого Исаака, и тот дает Иакову благословение, которое по праву принадлежало Исаву. Из-за этого Иакову приходится бежать — якобы чтобы найти жену «на исторической родине», но на самом деле, чтобы спасти свою жизнь от разъяренного брата. Убежав из дома, в разгар конфликта, нестабильности, страстей и чувства вины, Иаков встречается с Богом. Он видит сон, ночное видение, в котором небо и земля соединены лестницей, а по лестнице вверх-вниз снуют ангелы. Вверху лестницы стоит Сам Бог, Который повторяет Свой завет с Авраамом и передает его Иакову, чтобы тот понес его дальше. Иаков выбрал это место для ночевки произвольно, но оказалось, что там был Бог. Тогда Иаков называет это место «Вефиль», что означает «дом Божий», и под впечатлением от Божьего присутствия дает весьма скромный обет, с условием для Бога: если Бог защитит его и поможет ему когда-нибудь вернуться домой, то Иаков будет верен Богу. Несмотря на всю сдержанность этого обета, это первый значительный шаг на духовном пути, который многим позже приведет весь мир к спасению.

Да, от таких значительных шагов зависит история человечества. Иаков не мог знать, что дорога приведет его к его большой любви — девушке по имени Рахиль, и что, желая на ней жениться, он столкнется с таким же обманом, какой сам преподнес отцу. Брат его матери, который стал его тестем, подменил невесту перед свадьбой, а поскольку в той культуре лицо невесты обычно скрывалось покрывалом, Иаков лишь под утро понял, что женился на Лии, сестре Рахили. Он также не мог знать, что эта несправедливость, из-за которой у него оказалось две жены (неделей позже он женился и на Рахили, согласившись отработать за нее еще семь лет), приведет к тому, что у него родится двенадцать сыновей, на которых зиждется идентичность народа Израиля (названного по имени, полученному после борьбы Иакова с Богом). Временами в жизни Иакова царил полный хаос. Но его путь был устремлен к назначенной Богом вечной цели.

Вопреки ужасным проблемам в семье Иакова — насилии, мести, вражде и соперничестве, — Бог писал Свою историю так, как Ему было угодно. Непонятно, как Ему это удается, но мы можем этому лишь радоваться, ведь у всех у нас в семьях не все в порядке. Если Бог смог обернуть во благо бурную и хаотичную жизнь этой ветхозаветной семьи, значит, Он может так же поступить и с нашей жизнью. Несмотря на любые ошибки и падения, наша жизнь может стать важным элементом Божьего плана.

ВОПРОСЫ ДЛЯ РАЗМЫШЛЕНИЯ

Понимаете ли вы, почему Иаков боролся с Богом? Было ли в вашей жизни нечто похожее? Как вы думаете, почему Бог не против подобных столкновений с нами? Ободряет ли вас то, что избранные Богом люди порой вели себя далеко не образцово? Соответствует ли это современным представлениям о том, через каких людей действует Бог?

## ДЕНЬ 6

# БЫТИЕ, 37–50

Иосиф, одиннадцатый и любимый сын Иакова, — один из немногих библейских героев с безупречной репутацией, ничем не запятнанной в течение всей его жизни. Однако на его долю выпали сложнейшие испытания. Бог посылает ему сны, которые всех обижают, — как это нередко бывает с пророческими снами. Из-за предательства братьев он попадает в рабство, из-за клеветы — в тюрьму, все о нем забывают — а Бог все это допускает и не вступается за него. Иосиф не мог не задаваться вопросами: действительно ли Бог благ? Действительно ли Он контролирует ситуацию? Долгое время Бог держит его в неизвестности. Библия не сообщает нам, какие вопросы или сомнения терзали Иосифа, но они наверняка были.

Тем не менее, Бог остается с Иосифом и продолжает являть Свою милость даже в самых несправедливых обстоятельствах — и в конце концов вступается за него. Иосиф получает от Бога откровение, необходимое для фараона. Через Иосифа благословение распространяется на весь Египет — Бог спасает египтян от голода, что доказывает: Божья любовь и забота обращены не только к народу Израиля. Иосиф выходит из долгого периода испытаний со свидетельством: Бог силен превозмочь любое зло, любые человеческие ошибки.

В жизни Иосифа, как и Авраама с Исааком, Бог рисует образ другого потомка Иакова, Который родится много столетий спустя. Этот любимый Сын также будет делать потрясающие заявления о Себе, которые вызовут недовольство других потомков Иакова. Семья Израиля сочтет Его мертвым, но потом узнает, что Он жив. Он станет благословением для язычников, но в конце концов будет признан и собственным народом. В вечности Он будет символом Божьей благости и Божьего откровения.

В персоналиях Библии мы также узнаем себя — особенно в Аврааме, Иакове и Иосифе, хотя и в других тоже. Нам близки их испытания веры, их проблемы и боль, а возможно, и их семейные неурядицы. Нас утешает тот факт, что даже через таких людей действует Бог. Мы учимся у них, как держаться за Божьи обетования; как безоглядно идти за Богом; как верить, что Бог благ, даже если обстоятельства свидетельствуют об обратном; как подчиняться Божьей воле, когда Он ясно ее объявляет, и бороться за нее, когда она неясна. Эти истории становятся для нас масштабными уроками, изменяющими жизнь.

В книге Бытие Бог сплетает тысячи лет реальной человеческой истории в полотно о том, кем Он есть и каковы Его намерения для Его народа. Здесь есть богатство духовных истин и захватывающие прообразы грядущего Мессии — Того, Кто поразит змея в голову, Кто является Аврааму как загадочный царь мира и праведности Мелхиседек, Кто добровольно идет на заклание, как Исаак, Кто предан братьями, но примиряется с ними после того, как благословил другие народы. На самом базовом уровне Бытие учит нас тому, что Бог ревнует о Своем заблудшем творении и стремится к отношениям с людьми, а условием для этих отношений, прежде всего, выступает вера.

Когда жизнь тяжела, мы должны помнить, что боль и трудности объясняются катастрофическим провалом человечества в Эдемском саду. Но история на этом не заканчивается, хотя многие люди живут так, будто бы никакого продолжения не было. Бытие сообщает нам, что и наша собственная жизнь, и история движутся к Божьей цели, а ключ к тому, чтобы влиться в струю, — наша вера. Да, нам приходится каждый день бороться с вопросом змея: а действительно ли Бог благ? Наши искушения не в том, чтобы съесть какой-то плод, а в том, чтобы усомниться в Боге. Мы спрашиваем Его, действительно ли Он скрывает от нас что-то хорошее, действительно ли Он заботится о нас или мы брошены на собственный произвол. И мы должны знать ответы на эти вопросы. Когда нас одолевают сомнения, мы можем смотреть на Авраама, Иакова, Иосифа и других героев веры из Бытия и черпать ответы у них. Их пример доказывает: да, Бог благ. Ничто доброе Он от нас не скрывает. Да, Он контролирует ситуацию и обращает все нам во благо. Да, у Него есть план. И все только начинается.

### ВОПРОСЫ ДЛЯ РАЗМЫШЛЕНИЯ

Близки ли вам испытания Иосифа? Как вы ведете себя, когда с вами обращаются несправедливо? Легко ли вам прощать других людей? Если вы знаете, что вся ваша жизнь — в Божьей власти, легче ли вам прощать других и доверять Богу даже в сложных обстоятельствах?

ДЕНЬ 7

# ИСХОД, 1–15

Бытие заканчивается тем, что Иосиф занимает высокое положение в Египте, а вся семья Иакова переселяется к нему и живет там в благоденствии. Мы ясно видим, что Бог ведет, обеспечивает и защищает Своих людей. События книги Исход начинаются спустя четыреста лет, и за это время ситуация кардинально изменилась. Где Бог, Который ищет отношений со Своими людьми, привлекает их в Свое присутствие, ведет, обеспечивает и защищает? Народ Божий теперь в рабстве, под жестоким гнетом в той самой стране, куда Бог некогда его привел, чтобы благословить изобилием. Со временем место благословения стало местом рабства.

В нашей жизни с Богом часто бывают подобные противоречия. Между обещанием и его исполнением проходит долгое время, и наши отношения с Богом определяются тем, что мы думаем о Нем в такие периоды ожидания. Как Израиль, мы молим Его об освобождении. Как и в те времена,

Бог нас слышит. Возможно, Он не отвечает на нашу мольбу так быстро, как нам бы того хотелось, — Израиль получил свободу примерно через восемьдесят лет после того, как жестокий фараон попытался истребить целое поколение еврейских мальчиков, — но все же Он слышит и отвечает. Вера помогает нам дождаться Его ответа.

Когда приходит время избавить Израиль, Бог использует человека, который и сам был избавлен от смерти. Когда фараон приказал истребить всех еврейских младенцев мужского пола, младенец Моисей избежал истребления, поскольку его родители спустили его в корзине по Нилу. Его нашла и воспитала дочь фараона. Он знал египетские традиции, но все же осознавал себя частью своего народа. Это привело к тому, что в сорок лет ему пришлось бежать из страны, так как он заступился за еврея и теперь боялся наказания. Еще через сорок лет Бог явился ему в горящем кусте и, вопреки всем его возражениям, приказал вернуться ко двору фараона с заявлением. Вероятно, правил тогда фараон, выросший вместе с Моисеем и хорошо знавший причины его изгнания. Этот план выглядел абсурдно — сродни самоубийству для Моисея, поэтому его протест был вполне обоснован, по крайней мере, если судить поверхностно. Однако Бог дает ему гарантию безопасности. Он хочет освободить Свой народ. Для чего? Чтобы тот мог поклоняться Ему на свободе.

Первая часть книги Исход многим знакома, поскольку на ее основе получаются остросюжетные уроки воскресной школы и кинофильмы. Одну за другой, Бог посылает на Египет десять казней, чтобы убедить фараона отпустить Его народ. Каждая из этих казней — вызов силе египетских божеств и утверждение силы Бога, великого «Я Есмь». Последняя казнь особенно тяжела, но неизбежна: пленившие Божий народ не желают его отпускать. Однако смерть всех египетских первенцев дает израильтянам свободу, как смерть единственного Божьего Сына некогда даст свободу всем верующим. Оба события — завет крови. Очевидно, Божье спасение никогда не дается дешево. Его стремление к отношениям со Своим народом имеет высокую цену.

Кульминацией избавления становится чудесный переход Красного моря. Фараон передумывает и бросается вдогонку за ушедшими рабами, которых Бог между тем ведет на берег моря. Все выглядит катастрофично. С какой стати благой Бог, обещавший освобождение Своему народу — и до сего момента, казалось бы, державший это обещание, — вдруг завел людей в абсолютно безвыходное положение? Мы тоже часто попадаем в подобные ситуации и задаем этот вопрос. Мы следуем за Богом, но почему-то заходим в тупик и, подобно Израилю, возмущаемся данными нам указаниями. Едва ли мы можем предвидеть, какое зрелищное избавление нам уготовано. Даже когда оно задерживается, мы можем быть уверены, что Его победа придет со славой.

Победа у Красного моря — когда истребление израильтян отвращается столь мощным поворотом событий, что погибает враг, — становится определяющим моментом в истории Израиля. Через сотни лет после того, как Израиль прошел между расступившимися водами моря, а египетская армия утонула во вновь сомкнувшихся водах, эти события все еще прославлялись в новых псалмах. Бог, Который четыре столетия казался отсутствующим, проявил Себя так сильно, что люди будут вспоминать об этом всегда и неизменно радоваться. Египетский плен и Исход показывают нам, что Божье вмешательство бывает одновременно долгожданным и внезапным. Оно готовится годами, а случается в один момент. Наше терпение может подвергаться испытанию, но у нас всегда есть причина для надежды.

### ВОПРОСЫ ДЛЯ РАЗМЫШЛЕНИЯ

Что мы можем узнать о Божьем характере из истории Исхода? Какие Его качества ощутил на своем опыте израильский народ? Какие Его качества вы ощущаете на своем опыте в минуты нужды?

ДЕНЬ 8

# ИСХОД, 16–34

Казалось бы, переход через Красное море положит конец неприятностям Израиля, но, как подтвердят многие люди, за духовными победами редко следуют мир и покой. Люди оказываются в пустыне без еды и воды — хотя Бог дает им и то, и другое. Затем на них нападают амаликитяне. Избавление все еще в процессе. Слишком часто, став свидетелями чудес, люди быстро забывают, что Бог остается на их стороне. Защитник и Обеспечитель продолжает действовать, и люди непременно бы увидели Его работу, если бы прекратили свой ропот хоть на несколько минут.

Переведя израильский народ через море, Бог ведет их к горе, где еще больше открывается людям. События у Синая и вдохновляют, и пугают: три дня приготовления и очищения, густое облако, гром и молния, трубный звук с небес, дым и огонь, голос свыше, строгие границы вокруг святого места и угроза смерти для тех, кто посмеет приблизиться. Все это ощутимо «подкрепляло» те указания, которые Бог вот-вот даст через Моисея: Десять заповедей и множество других сопутствующих законов.

Самыми важными являются законы о поклонении. Как всегда, Бог хочет, чтобы Его знали, любили и ценили. «Да не будет у тебя других богов» — это слова не диктатора, а Бога, Который называет Себя Ревнителем. Этот трудный для понимания факт, но, несомненно, истинный: безграничный Господь Вселенной очень ревнует людей к другим объектам поклонения. Его заповеди основаны на любви.

В многовековой раввинистической традиции встреча на Синае рассматривалась как обряд обручения. Таковой ее считали и библейские пророки (Иер. 2:2; Иез. 16:8), часто называвшие неверность Израиля прелюбодеянием. Собственно, еврейская церемония обручения позднее многое заимствовала из этой сцены — там непременно были трубы, оглашалась цена невесты и другие условия контракта. По Божьему замыслу, заповеди — это ни в коем случае не религиозная формула, а, скорее, брачное соглашение. Хотя Бог уже доказал Свою власть и господство, Он желает более близких отношений с людьми. Его не останавливает даже то, что, пока Моисей внимает Его заповедям, люди у подножья горы тревожатся и предают Бога, сделав себе идола. Вечный Бог настойчив. Хотя эти люди, освобожденные из Египта специально для того, чтобы поклоняться Богу, часто изменяют своему предназначению, Он не отказывается от отношений с ними, и эти отношения останутся центральной темой Писания вплоть до последней главы. Синай — это огромный шаг к восстановлению близости, утраченной в Эдемском саду.

Но в то самое время, когда Бог обручается с Израилем, у подножия горы Аарон и все израильтяне поклоняются идолу. Инцидент с золотым тельцом ставит под угрозу только что заключенный завет; измена — это всегда ужасно и уж тем более сразу после помолвки. Бог угрожает уничтожить весь народ, но Моисей вступается за него, ставя и себя под удар. Тогда Бог щадит израильтян.

## ДЕНЬ 8

Моисей становится еще смелее. Он отказывается вести людей в Землю обетованную, если только Бог не пойдет с ними, являя Свое присутствие на каждом шагу. Моисей хочет видеть это присутствие. Хотя он уже видел горящий куст, наблюдал за египетскими казнями и многочисленными чудесами, проходил между стенами из морских волн, стоял на Синае посреди молний и огня, теперь он просит, чтобы Бог явил ему Свою славу. Он знает, что есть нечто большее, чем то, что ему уже знакомо, нечто более личное и трогательное, чем недавние события. И Бог соглашается. Не в полной мере — никто не может узреть Божье лицо и остаться в живых (хотя в Писании и сказано, что Бог говорил с Моисеем лицом к лицу, как с другом). Но, тем не менее, Бог проходит мимо Моисея, открывая ему Свое имя и характер, позволяя хоть мельком увидеть Себя сзади. Моисей узнает, что Бог — человеколюбивый и милосердный, долготерпеливый, любящий и верный, но в то же время не терпящий неправды. После этой встречи лицо Моисея еще долго сияло.

Бог, Который только что угрожал уничтожить весь народ, смягчен поведением того, кто не побоялся встать между Его праведностью и непокорными людьми. Эта тема еще повторится в отношениях между Творцом и Его падшим творением.

Моисею нередко приходилось вымаливать прощение для Израиля. Из его разговоров с Богом в этот период истории мы видим, что Бог не спешит наказывать грешников, как думают некоторые. Нет, мы видим, что Он обличает народ, держась на подобающем расстоянии, но затем ждет, чтобы грешные сердца воззвали о милости, возжелали Его присутствия. Иными словами, Богу всегда угодно наше стремление к личной встрече с Ним, а не просто к правильному поведению. И если мы жаждем этой встречи, Он обязательно придет. Те, кто, подобно Моисею, говорит: «В общении с Тобой мне нужно либо все, либо ничего», — обнаруживают, что нисколько Его не обидели. Их дерзновение находит отклик в Его сердце и побуждает Его дать им тот дар, который Он хотел дать им изначально: Себя.

ВОПРОСЫ ДЛЯ РАЗМЫШЛЕНИЯ

Как вы думаете, почему израильтяне были так нетверды в вере, хотя видели потрясающие чудеса, такие как десять казней или разделение Красного моря? Каково было Богу слышать их ропот в пустыне? А у вас бывает искушение роптать из-за того, как обходится с вами Бог?

## ДЕНЬ 9

# ИСХОД, 35–40

Десять заповедей — это завет отношений, помогающий Божьему народу синхронизировать свои сердца с Его сердцем и возобновить близость с Богом, утраченную после грехопадения. Тем же целям служат и разные подробные указания, данные Богом вслед за заповедями. В частности, Бог сообщает Моисею подробный проект скинии — места для встречи с Ним. Каждый сантиметр этого места священен, но особенно — Святое святых, где будет находиться ковчег завета и Божье присутствие. Позднее в Писании Бог выразит желание быть еще ближе к Своему народу, но этот шатер собраний — большой шаг в данном направлении. Бог ясно дает понять, что хочет построить мост между собой и падшим человечеством. Близкое общение крайне важно для Него.

Бог также подробно описывает семь символических праздеств. Как и в Бытии, в Исходе есть много завуалированных намеков на будущего Мессию. Пасха — яркий образ жертвы Иисуса Христа; фактически, весь Исход можно понимать как метафору спасения. Однако каждый праздник заключает в себе некий смысл, который станет понятен лишь через много веков. Пятидесятница, или День дарования закона, указывает на будущее излияние Божьего Духа — Закона, записанного в человеческих сердцах; осенние праздники указывает на искупление, на день суда, на то, что Божий народ будет собран со всех концов земли. Богатый символизм этих праздников подтверждает, что историю Божьего народа писал Сам Бог. Он также говорит о том, что у Бога с самого начала был план. Хотя некоторые люди видят на этих страницах требовательное божество, внимательный читатель увидит Художника — Бога, для Которого важны цвета, запахи и пропорции, Который рисует ошеломительную картину Своих целей еще до того, как они начнут свершаться. Это не история создания религии, это история Бога, желающего быть познанным.

Все обычно знают наиболее яркие повороты сюжета этой книги — выход из Египта, переход Красного моря, получение Десяти заповедей. Однако здесь есть важные духовные акценты, которые часто остаются незамеченными. Во-первых, Бог освобождает израильтян не просто так, а чтобы они могли поклоняться Ему свободно, открыто и преданно. Во-вторых, если сравнивать то, что произошло на горе Синай, с обручением, мы сможем лучше понять самовосприятие еврейского народа вплоть до сегодняшнего дня, а также многочисленные упоминания о «невесте» в притчах Иисуса и других местах Нового Завета. И еще одно весьма значительное событие часто теряется на фоне других, более зрелищных, — а именно, просьба Моисея увидеть Божью славу. Тот же «Я Есмь», Который обратился к Моисею из горящего куста, теперь являет ему

Свой характер на горе Синай — и Он совершенно не похож на божеств других народов. Вот что Он говорит о Себе: «Господь, Бог человеколюбивый и милосердный, долготерпеливый и многомилостивый, и истинный, сохраняющий милость в тысячи родов, прощающий вину, и преступление, и грех» (Исх. 34:6–7).

Божья любовь передается на тысячи поколений, тогда как Его наказание — лишь на три или четыре. Он справедлив, но предпочитает милость. Его святость опасна, но Его присутствие доступно всем ищущим Его. Он на многое пойдет, чтобы люди Его узнали.

Читая Исход, многие видят лишь Бога, требующего повиновения и предписывающего невразумительные ритуалы. Но эти люди упускают из виду самое главное — Его сердце. И тогда, и сейчас Он больше всего желает от людей любви; Он всегда рядом, к Нему всегда можно обратиться; Он являет нам и силу, и сострадание; Он добивается отношений, даже когда мы неверны; Он указывает путь всем, кто внимателен к Его водительству, — будь-то через облако, или огненный столп, или внутренний голос Его Духа. Он велик, силен и бескомпромиссен, но даже самые суровые Его заповеди проистекают из Его стремления к безраздельной любви. Его самое главное желание не в том, чтобы мы что-то для Него делали, а в том, чтобы мы знали Его и любили. В конце концов, Он создал этот мир, Он и Сам мог бы сделать все, что Ему нужно. Его цель — отношения. Ему нужны наши сердца.

Вот почему история Исхода начинается словами «чтобы народ совершил Мне служение» и заканчивается указаниями о том, как распознавать Божье присутствие и идти за ним — наблюдать за облаком днем и огненным столпом ночью. Это книга о личных встречах. Бог освобождает нас, чтобы мы могли в свободе поклоняться Ему.

### ВОПРОСЫ ДЛЯ РАЗМЫШЛЕНИЯ

Как реагировали израильтяне на Божье присутствие? Каким образом, по-вашему, Бог хочет явить Свое присутствие в вашей жизни? Как вы думаете, почему Божье водительство Израиля (через облако днем и огненный столп ночью, которые в любое время могли начать двигаться или стоять на месте) было столь непредсказуемо? Какой вывод можно сделать о том, как Он нас ведет?

## ДЕНЬ 10

# ЛЕВИТ

Книга Левит порой непонятна и даже пугающа, но ее главная идея предельно ясна: «Святы будьте, ибо свят Я, Господь, Бог ваш» (Лев. 19:2). Иными словами, люди, призванные к отношениям с Богом, должны Ему уподобляться. Если Он для вас — «Господь, Бог ваш», из этого вытекают определенные последствия, как для всего Божьего народа, так и для каждого человека в отдельности. Это не те отношения, которые можно отодвинуть на задний план.

Но что такое святость? Многие современные христиане приравнивают ее к праведности или даже к религиозности. Это понятие часто ассоциируется с тем, чего нельзя делать или против чего следует выступать, а не, наоборот, с тем, к чему мы призваны и что нам следует защищать. Однако считать святость всего лишь чистотой или праведностью — досадное недоразумение.

На самом деле быть святым означает быть «отделенным» для Бога, иметь особое предназначение и быть ему преданным, «отделяясь» от всего, что может нас отвлечь. Святость действительно подразумевает праведность, но лишь потому, что мы отделяемся от восставших против Бога и уподобляемся Ему, а Он праведен и чист. Если бы, предположим, Он был злым и мстительным Богом, тогда святость подразумевала бы отделение от всего остального — доброго и немстительного — и выработку в себе этих качеств. Но поскольку Бог безусловно и непостижимо добр, то и нам для достижения святости нужно стать безусловно и непостижимо добрыми. По сути, быть святым означает отвернуться от всего — всех мыслей, слов и дел, — что мешает нашим отношениям с Богом, и распространить влияние этих отношений на все сферы нашей жизни.

Люди уже получили Десять заповедей и построили скинию, и теперь, в книге Левит, им дается множество подробнейших указаний о том, как соблюдать святость в религиозной, общественной и личной жизни. Книга адресована в первую очередь священникам — то есть людям из колена Левия, которым Бог поручил заботиться о поклонении в Израиле и которым необходимо представлять, каким должно быть видимое выражение отношений Израиля с невидимым Богом.

Скиния должна была стать местом Божьего присутствия, и почти все остальные указания книги Левит так или иначе с ней связаны. В наше время принято считать, что первые шестнадцать глав говорят об обрядовой жизни иудеев, а последние десять глав — об этических нормах поведения; однако для израильтян такое разделение не имело смысла. Для них святое Божье присутствие налагало отпечаток на все сферы жизни, на всего человека в личностном, социальном, этическом, моральном и любых других аспектах его существования.

В древней культуре такой целостный подход требовал практик, которые сегодня представляются нам, мягко говоря, архаичными. При чтении книги Левит у нас возникает впечатление, что с жертвенника ручьями текла кровь из-за грехов народа; что Бог совершенно непостижим уму, но к Нему нельзя относиться легкомысленно; что многие образы и знаки в этой книге, вероятно, символизируют что-то особенное на небесах. Многие детали — измерения, виды приношений, праздники, — видимо, указывают на план искупления и вечное Царство. Это образы грядущего Мессии и наивысшей жертвы, которая навсегда освободит людей от грехов, вечного Первосвященника, ходатайствующего за Свой народ, и жизни на небесах, где нас ожидает явное и открытое поклонение и общение с Богом. Да, действительно, многие законы защищают Израиль от проблем со здоровьем, но Левит — это не пособие по гигиене. Книга наполнена духовными реалиями. Такие пророческие действия, как жертвоприношение, личное и общинное освящение и празднование особых дней, указывают их участникам на истинное искупление, которое в будущем совершит милостивый Господь, любящий пребывать со Своим народом. В этом контексте Левит полезнее «поглощать» и «впитывать», чем «расшифровывать».

Книга Левит становится нам гораздо ближе, если мы видим в ней не столько сложный учебник по ублажению Бога, сколько Его предложение дружбы. Возможно, мы все равно не поймем всех нюансов еврейской обрядовости и этики, но мы увидим впечатляющую картину того, как дорого обходится грех и как сильно Бог отличается от людей. И если мы приняли предложение дружбы через Мессию, Который исполнил все требования закона, эти образы все равно должны оставаться с нами. Он заплатил дорогую цену и пригласил нас познавать Бога. Тени вечных реалий теперь заменены самими реалиями.

ВОПРОСЫ ДЛЯ РАЗМЫШЛЕНИЯ

В чем значимость книги Левит для нас сегодня? Чего Бог ожидает от Своих детей, если судить по указаниям этой книги относительно поклонения и чистоты?

ДЕНЬ 11

# ЧИСЛА, 1–10

Книга Чисел не очень-то привлекает рядового читателя. Частично это можно объяснить не самым интригующим названием и тем, что она начинается с переписи населения (отсюда и название). Но, вопреки первому впечатлению, здесь есть не только списки имен и числа. Это история жизни в пустыне, которая отчасти всем нам знакома. Мы все живем в пути между Божьим обетованием и его исполнением, и дорога не всегда легка. Мы боремся с трудностями, терзаемся вопросами, периодически жалуемся и сомневаемся, попадем ли, наконец, в место назначения. Иными словами, мы очень похожи на израильтян на пути в Землю обетованную.

В начале книги Бог повелевает Моисею провести перепись — подсчитать всех мужчин, способных сражаться. Много веков спустя Бог сурово накажет Давида, который решит провести подобный подсчет боеспособной силы, видимо, потому, что он полагался на людей больше, чем на Бога. Но в этом случае инициатива переписи исходит от Бога, а результат говорит не только о численности израильской армии, но и том, сколько евреев — настоящих людей из плоти и крови, с именами и биографиями, — вышло из Египта. Оказывается, что по пустыне бродит далеко не горстка людей. Здесь рождается нация.

Как и во многих других местах Торы (первых пяти книг еврейского Писания), здесь делается акцент на чистоте еврейского сообщества — от болезней, от аморальности, от небрежности и легкомыслия в поклонении. Несмотря на странность некоторых законов, — например, как проверялось то, участвовала ли женщина в прелюбодеянии, — у читателя складывается впечатление, что общее призвание народа к «отделенности для Бога» здесь гораздо важнее, чем интересы каждого отдельного человека. В конце концов, это Божий народ — тот, через который Он продолжит открывать Себя, народ, который исполнит священническую роль по отношению к другим народам. Он должен отличаться во всем — в культуре, морали, обрядах и общественном строе. Эти люди не должны сливаться с общим ближневосточным фоном.

Здесь даются указания относительно обетов — например, назорейского, которым человек особо посвящал себя Богу на определенный период времени. Священникам даются особые слова, которыми они должны благословлять народ и призывать на каждого человека Божье благословение. По сути, в этих словах на каждого израильтянина возлагается Божье имя и Его светлый лик. Перечисляются особые жертвы для освящения скинии и предметы, которые помогут людям поддерживать их уникальные отношения с Богом. Чтобы Божье присутствие не оставляло народ, нужно культивировать должную атмосферу.

Этот последний принцип актуален не только для древних израильтян, блуждающих в пустыне, но и для нас с вами. За время от освобождения из рабства и до Земли Обетованной на Небесах, мы не сможем близко познать Бога, если не озаботимся нашим призванием. Бог призывает нас ревностно искать Его — как человек, только что обретший свободу, как назорей, принесший обет посвящения, как весь израильский народ, не желающий сливаться с окружающими и довольствоваться малым. Он призывает нас поклоняться Ему жертвенно, принося на алтарь свое сердце, разум и дух — и даже свои материальные средства. Если мы старательны в этом, Он прочно укрепляет нас в Себе.

Бог знает, что на пути нам случатся битвы, а поэтому потребуется единство, посвящение и сосредоточенность на поклонении. В книге Левит Он обещает помогать во всем этом — сражаться за Свой народ, объединять людей и торжествовать вместе с ними — и предлагает специальный символ для этих действий, трубный звук (для этого у израильтян были особые серебряные трубы). Важно также и то, что во главе процессии всегда находился Ковчег завета — символ Божьего присутствия, а за ним шли люди из колена Иуды (это имя происходит от слова «хвала»). Каждое конкретное указание, данное Богом через Моисея, что-то говорит нам о Божьем характере, Его путях или Его целях. А каждый шаг в послушании приближает людей к пункту назначения — и к Богу.

### ВОПРОСЫ ДЛЯ РАЗМЫШЛЕНИЯ

Почему можно сказать, что мы тоже в пути — от освобождения к Земле Обетованной? Какие особенности жизни в пустыне знакомы также и вам?

ДЕНЬ 12

# ЧИСЛА, 11–36

Можно было ожидать, что столь явные знаки Божьего присутствия — в облаке славы, в огненном столпе, в чуде Красного моря — давали израильтянам ощущение безопасности, но нет, они по-прежнему беспокоились, поможет ли им Бог. В книге Числа народ регулярно начинает роптать и иногда доходит до прямых восстаний против власти Моисея — что, в конечном итоге, приравнивается к восстанию против Божьей воли. Людям надоедает манна, и Бог посылает им столько перепелов, что они жалеют о своем требовании. Мариам и Аарон устают от своего брата Моисея и презирают его жену — Бог укоряет их и объясняет, что с Моисеем у Него особые отношения и ничьего мнения Он здесь не спрашивает. Бунт, устроенный одним из священников, разжигает Божий гнев настолько, что некоторых бунтарей поглощает земля, а других сжигает Его огонь. Жизнь в пустыне нелегка; египетские страдания забываются, а преимущества прежней жизни почему-то воскресают в памяти. Многие не прочь вернуться в Египет.

Самый значимый случай ропота произошел по возвращении двенадцати соглядатаев, посланных Моисеем в Землю обетованную. Их заданием было собрать сведения об этой территории, а не определять, удастся ли ее захватить. Все они поразились ее плодородию, но десятеро испугались внешнего вида местных жителей и хорошо укрепленных городов. Лишь двое соглядатаев, Халев и Иисус Навин, не забыли о том, что эта земля — обетованная. Они тоже видели, какие великаны местные жители, но помнили, что их Бог гораздо сильнее. Когда соглядатаи вернулись, народ предпочел верить негативному мнению большинства. Люди впадают в отчаяние, убежденные, что Моисей и Бог привели их в пустыню на верную смерть. Моисей ходатайствует за них перед Богом — это частое событие в пустыне, образ служения Христа и пример для нас, — и Бог прощает израильтян, но их неверие не остается без последствий. Лишь после того как все это поколение умрет, Бог позволит их детям войти в Землю обетованную. Из тех, кто был взрослым во время исхода, лишь Иисус Навин и Халев проживут достаточно долго, чтобы унаследовать обетование. Все остальные умрут раньше.

Это тяжелое наказание — подтверждение того, как Бог расценивает негативные ожидания и неверие в Его благость. Это Его раздражает (Чис. 14:11). Много веков спустя автор Послания к евреям усмотрит за этим неверием «сердце лукавое и неверное» (Евр. 3:12) и напомнит читателям, что Божьи обетования наследуются верой и долготерпением (Евр. 6:12). Поскольку у подавляющего большинства израильтян в пустыне не было ни веры, ни долготерпения, они тем самым не позволили Богу осуществить Его план для них.

Ропот и непокорность Израиля привели к массе нехороших последствий. Многие умерли от Божьего суда. Мариам на короткое время заболела проказой, и сам Моисей утратил право вступить в Обетованную землю, когда они вместе с Аароном в гневе и самоуверенности ударили по скале, чтобы из нее потекла вода. Но были и позитивные моменты. Выслушав одну определенную жалобу, Бог велел Моисею выбрать семьдесят старейшин, которые бы помогали ему управлять народом, — эта модель легла в основу последующих израильских руководящих органов, в частности, Синедриона. После бунта, возглавленного священником Кореем, Бог подтверждает священство Аарона тем, что его жезл внезапно расцветает. Еще один эпизод ропота и нетерпения Бог наказывает нашествием ядовитых змей, но дает и избавление: Моисей поднимает на шесте бронзовое изображение змея (символ проклятия), и люди, посмотревшие на него, исцеляются. В третьей главе Евангелия от Иоанна Иисус сравнит Свой крест с этим символом. Наряду с Пасхой, бронзовый змей — это мощный образ того, как Бог очищает людей от их греховности.

После донесения соглядатаев люди оставляют прямой путь и начинают блуждать по пустыне. Они побеждают в нескольких битвах; Мариам и Аарон умирают, их хоронят; царь Моава нанимает пророка по имени Валаам, чтобы тот проклинал Израиль. Но после встречи с говорящей ослицей и с ангелом, из уст пророка исходят благословения, а не проклятия, что, разумеется, вызывает гнев его царя. Тогда Валаам наущает моавитских женщин обольщать евреев — возможно, развратить Божий народ будет проще, чем его проклясть. В итоге расцветает прелюбодеяние и идолопоклонство — этот эпизод чем-то напоминает историю с золотым тельцом у горы Синай.

К концу этой разноплановой книги Бог назначает преемником Моисея Иисуса Навина и рассказывает, как овладеть землей. Как евреи ходят по пустыне кругами, так крутится и нить этой истории, со всеми препятствиями, отступлениями и отвлечениями, но также и с надеждами на будущее. Путешествие продолжается; облако и огонь по-прежнему ведут народ за собой; Земля обетованная ждет покорения.

В Книге Чисел мы видим, что путь от обетования к его исполнению больше зависит от характера и веры людей, чем от километража. Бог заинтересован не только в том, чтобы довести нас до цели, для Него важно, как мы ведем себя в пути. Он более чем охотно продлит этот путь, если мы морально не готовы к его завершению. И сделает все необходимое, чтобы нас подготовить.

ВОПРОСЫ ДЛЯ РАЗМЫШЛЕНИЯ

Как вы думаете, почему Бог столь жестко реагировал на ропот израильтян? Почему из-за их неверия целое поколение лишилось возможности увидеть, как исполнится Божье обетование?

ДЕНЬ 13

# ВТОРОЗАКОНИЕ

Иисус Христос часто цитировал Писание, и чаще всего Он вспоминал не Бытие, не псалмы и не пророков, а именно Второзаконие. Возможно, потому, что Второзаконие — глубокое резюме всех предыдущих книг и истории основания Израиля. Адресованная следующему поколению, которому предстоит войти в Землю обетованную, эта книга повторяет события после исхода и законы, данные предыдущему поколению, по большей части умершему в пустыне. В основу этой книги легло три речи Моисея; здесь повествуется об освобождении из египетского рабства, переходе Красного моря, событиях у горы Синай и дальнейших скитаниях по пустыне, а также о законах, праздниках и священнических обрядах, установленных Богом через Моисея. В некотором смысле, эта книга — мост между ранней историей Израиля и его будущим.

Описываемые события происходят через сорок лет после начала того пути, который мог бы занять всего несколько недель. Дети непокорного поколения все еще стоят на восток от Иордана, за пределами Ханаана. Моисей вспоминает дорогу от Хорива (горы Синай) и напоминает людям о неверии и ропоте их родителей, из-за которых Божье обетование так долго не исполнялось. Наверное, сложно выслушивать столь жесткую критику своих родителей, но новому поколению необходимо было это знать, чтобы упрямство и идолопоклонство не перешло из прошлого в настоящее — в Земле обетованной им нет места. Наверное, основную мысль Моисея можно сформулировать следующим образом: один лишь Бог достоин поклонения. Как народ, являющий Бога, израильтяне призваны служить Ему одному. Таковы четкие условия договора. Если люди хотят жить на этой земле долго и счастливо, они должны хранить верность Богу.

Вероятно, самый знаменитый фрагмент Второзакония — «Слушай, Израиль» (6:4), символ веры, исключающей малейшую возможность многобожия. За ним следует заповедь, которую впоследствии Иисус и другие раввины назовут величайшей. Есть только один Бог, и Он желает, чтобы мы любили Его всем сердцем. В этом смысл и цель нашего существования. В двух коротких предложениях нам сообщают, кто сотворил нас и для чего. Среди книг Закона, перечисляющих мельчайшие Божьи указания, величайшая и глубочайшая заповедь все равно касается отношений. Главное, чего Бог хочет от нас, — не послушания, не служения, не свидетельства о Нем и не каких-либо других поступков. Главное — чтобы мы безгранично Его любили. Да, наша любовь непременно будет проявляться в поступках, но, в первую очередь, вопрос в нашем сердце. Если мы не любим Его больше всего на свете, значит, мы не исполняем своего предназначения.

Это позволяет нам лучше понять Бога. Он создал людей по Своему образу не потому, что Ему не хватало слуг, — небесные воинства уже и так отлично Ему служат, — а для того чтобы Его познавали разумные и чувствующие существа. Мы с вами наделены способностью ощущать Божью любовь, сострадание, милость, нежность, величие, силу, ревность, праведность, справедливость, смирение и все другие стороны Его славы. По богодухновенным словам Моисея, а впоследствии и Христа, именно этому следует посвятить свою жизнь.

Но этот Бог, желающий нашей любви, в то же время желает открыть нам Свой характер, поэтому Второзаконие, как и другие книги Закона, наполнено повелениями. В двадцать восьмой главе Бог описывает последствия отношений с Ним. Если люди будут подражать Ему и исполнять Его Слово, на них изольются щедрые благословения. Их ждет успех и благословение на данной Богом земле. Но если они оставят Его, обратятся к идолам и восстанут против Его путей, они будут прокляты. Их огромная привилегия — знать Бога — обратится для них в огромное бремя, и они будут изгнаны из их земли.

Благословения и проклятия Второзакония дают ключ к пониманию остальной части Ветхого Завета — почему Бог наказывает и судит Свой народ, почему пророки предупреждают о предстоящем изгнании, почему люди преуспевают или терпят неудачи в своих отношениях друг с другом и с окружающими народами. Завет с Богом — это благословение, в случае если его соблюдать, и приговор, если его не соблюдать. Как мы еще увидим, для Израиля он очень часто оказывался приговором.

Второзаконие заканчивается тем, что Иисус Навин принимает на себя миссию привести народ в Землю обетованную. Моисей изрекает свои заключительные слова и пророчества (в том числе и знаменитую «песнь Моисея») и умирает на горе Нево. Все руководители Исхода теперь мертвы — возможно, как символ того, что закон и священники сами по себе неспособны привести Божий народ в Землю обетованную. Но это удастся человеку по имени Иисус — тезке Спасителя, Который придет намного позже.

ВОПРОСЫ ДЛЯ РАЗМЫШЛЕНИЯ

С точки зрения Бога, какова цель нашей жизни? Какие обязательства налагают на нас отношения с Богом? Какие преимущества они дают?

ДЕНЬ 14

# КНИГА ИИСУСА НАВИНА

Книга Иисуса Навина рассказывает о захвате территории. Разумеется, в те дни эта книга имела вполне прямой смысл, но в ней есть и множество духовных параллелей для нас с вами. Бог призвал каждого из нас войти в Землю Его обетования, получить наследство как сонаследники Сына и продвигать Его Царство, трудясь для Него и позволяя Ему трудиться через нас. Для этого нам нужно быть твердыми и мужественными, неотступно держаться Божьих путей, избегать компромиссов и неправедных союзов, терпеливо переносить испытания и долгие битвы. Все эти уроки присутствуют в исторической притче о завоевании Ханаана. Эта книга наглядно показывает, как наследовать Божьи обетования.

Поэтому немаловажно, что в начале книги Сам Бог несколько раз ободряет Иисуса Навина, наказывая ему быть твердым, мужественным и не отступать от Божьего Слова. Это ключевые принципы жизни в Царстве. Дальше следуют и другие ключевые моменты: время посвящения (израильтяне нового поколения не были обрезаны в детстве), необычная встреча с Божьим посланником (ангел представляется «вождем воинства Господня»), тяжелый урок послушания (один человек припрятывает трофеи из Иерихона, из-за чего весь народ проигрывает следующую битву), тяжелый урок о неуместности компромиссов (вожди соблазняются договором с местным народом, что сильно ограничивает их возможности в будущем) и так далее. Тем не менее, следуя Божьим указаниям, израильтяне постепенно оставляют прошлое позади и получают обещанное, хоть и не без падений и ошибок. Завоевание Ханаана осуществляется стремительно, но не скрупулезно: на момент окончания книги там остается еще много местных жителей. Но Бог сражается за Свой народ, когда тот полагается на Него; Он даже изменяет физические законы, продлевая день. Он непременно свершит Свои планы в жизни тех, кто верует.

Эта истина проявляется на примере нескольких героев, отличившихся силой веры. Не считая самого Иисуса Навина, это, в первую очередь, блудница по имени Раав, жительница Иерихона, оказавшаяся перед выбором: чью сторону принять? Когда Иисус послал на разведку двух соглядатаев, — столько же, сколько сорок лет назад вернулось с позитивным отчетом, — Раав оказала им поддержку. Она укрыла их у себя и помогла придумать план в обмен на то, что в будущем израильтяне сохранят жизнь ей и ее семье. Израиль завоевал Иерихон, и Раав не только оставили в живых, но и отметили за ее помощь. Много веков спустя ее имя было внесено в родословную Мессии.

Еще одна выдающаяся личность — Халев, единственный выживший сотоварищ Иисуса Навина. Хотя еще сорок лет назад он твердо верил, что Бог победит великанов и даст Израилю Землю обетованную, ему пришлось вместе с народом годами страдать от последствий неверия. Теперь ему уже за восемьдесят, но он полон жизни, энергии и желания получить свою часть наследия. Бог сберег Халеву жизнь и вознаградил его веру.

Истории из жизни этих выдающихся личностей перемежаются другими событиями из хроники завоевания. Бог ждет, пока вода в Иордане максимально поднимется, прежде чем разделить ее, как некогда Красное море, чтобы люди прошли — образ того, что Он часто решает наши проблемы, когда они достигают своего максимума. Знаменитая иерихонская битва показывает, что для Бога не существует ни непреодолимых препятствий, ни слишком странных методов. На разнообразие этих методов указывают разные подходы к каждой битве, но Его характер остается неизменным. Поэтому в жизни с Ним мы не сможем обойтись универсальными правилами — нужны живые отношения. Бог также повелевает основать в завоеванной земле «города убежища» — доказательство того, что Он не только справедлив, но и милостив: проступки должны быть наказаны, но подозреваемым нужна и защита.

Бог неслучайно призвал Свой народ отделиться и жить на своей территории: через события в жизни людей Он открывает им Себя. Книга завершается предостережением о том, что избранность — не прививка от наказания, и призывом к решению служить одному лишь Богу. Иисус Навин и его семья принимают такое решение, и к ним присоединяются остальные. Они обещают всегда хранить верность Богу на земле, которую Он им дал. Их будущее будет зависеть от того, насколько они сдержат обещание.

### ВОПРОСЫ ДЛЯ РАЗМЫШЛЕНИЯ

Как вы думаете, какую «территорию» Бог призывает вас завоевать для Своего Царства? Для вашей семьи? В профессиональной жизни? Какие истины из Книги Иисуса Навина помогут вам в этом?

## ДЕНЬ 15

# КНИГА СУДЕЙ ИЗРАИЛЕВЫХ

Книга Иисуса Навина заканчивается на том, что люди клянутся оставить идолов и всем сердцем служить Богу. Книга судей повествует, как эта клятва многократно нарушалась в последующих поколениях. Читая Книгу судей, мы поражаемся неразумности людей, которые словно ходили по замкнутому кругу: забывали Бога, по Его усмотрению попадали под гнет чужестранцев, в отчаянии взывали к Нему, получали от Него вождя, который вел их к освобождению, благодарили и прославляли Бога, но через некоторое время повторяли все сначала. Однако, если говорить начистоту, то наша жизнь — личная, семейная, церковная, общественная — наверняка не менее циклична. В трудностях мы взываем к Богу, Он вызволяет нас, мы Его благодарим — но вскоре снова ввязываемся в неприятности. Замкнутый круг из Книги судей, к сожалению, хорошо нам знаком.

Однако посреди этих проблем мы встречаем ярчайших персонажей Библии. У некоторых нужно учиться не тому, как поступать, а тому, как не поступать, но, тем не менее, чему-то у них можно поучиться. Первый судья, Гофониил, родственник Халева, был для народа избавителем, поскольку на нем был Дух Божий. Следующий судья Аод исподтишка убил моавитского царя, а затем повел израильский народ на моавитян. Из примера Деворы, первой из судей, кому в Писании уделено немало внимания, мы видим, что Бог охотно действует и через доблестных женщин. Из примера Гедеона — что Он может назвать боязливого и непритязательного человека «мужем сильным» (Суд. 6:12) и совершить через него великие дела; в то же время Бог хочет, чтобы вся слава воздавалась Ему, а не присваивалась людьми, надеющимися на собственные силы.

Среди негативных примеров мы видим сына Гедеона, который утверждает свою власть насилием; судью по имени Иеффай, который во исполнение обета совершает ужасное — убивает собственную дочь, и знаменитого судью Самсона, которого пожизненный священный обет не избавляет от некоторых далеко не святых качеств, но, тем не менее, Бог через него свергает иго филистимлян. В целом Книга судей создает впечатление, что Бог может достигать Своих целей через весьма сомнительных людей просто потому, что избирает их, даже если их вера не всегда сильна. Некоторые стали судьями практически потому, что больше никого подходящего рядом не было, но, несмотря на свои недостатки, более или менее успешно вели народ.

Во многих отношениях нехватка лидеров, которую мы видим в Книге судей, и особенности людей, занявших эту нишу, были определены тем, что поколение Иисуса Навина не до конца очистило завоеванную землю. Не все хананейцы были изгнаны из нее. Этому есть разные объяснения. В двадцать третьей главе Книги Иисуса Навина, а также в конце второй главы Книги судей мы читаем, что враждебные племена были оставлены в той земле из-за того, что израильтяне нарушали завет и не слушались Бога. В начале же третьей главы Книги судей уточняется: это было сделано для того, чтобы научить войне последующие поколения. Так или иначе, отношения Израиля с Богом развивались в контексте периодической вражды с другими народами, оставшимися в Земле обетованной. Израильтяне пообещали служить Богу всем сердцем, и Бог ответил, что от этого будет зависеть их благополучие на новом месте. Они нуждались в водительстве, но далеко не всегда искали его у Бога.

Книга судей описывает переходный период к следующей главе истории Израиля: царству. Автор этой книги, судя по всему, недоволен недостатком сильных лидеров; по его словам, каждый делал то, что сам находил справедливым, без поправки на какие-либо духовные, моральные или культурные нормы. Соответственно, в Книге судей подразумевается, что Израилю нужен царь. Однако в Первой книге царств мы увидим, что Бог был недоволен таким народным желанием, свидетельствовавшим, что Его руководства евреям было недостаточно. Возможно, это и есть косвенная идея Книги судей, читаемая «между строк»: народ имел возможность быть ведомым непосредственно Богом, но упустил эту возможность. И хотя формирование монархии воспринималось людьми как прогресс, для Бога это был далеко не идеальный вариант. Он хочет, чтобы люди доверяли Ему и уповали на Него, и будет верно вести их, если они будут всецело Ему преданны.

### ВОПРОСЫ ДЛЯ РАЗМЫШЛЕНИЯ

Замечали ли вы в своей жизни такую цикличность, как в Книге судей? Если да, как помогал вам Бог, когда вы к Нему взывали? Что открывает нам Книга судей о том, каких людей использует Бог?

ДЕНЬ 16

# КНИГА РУФЬ

Даже в тот период полуанархии, не все люди жили в беззаконии. Книга Руфь — прекрасная романтическая история о семье и обществе, хранивших верность Богу. Как большинство хороших романтических историй, она происходит в трудные времена, но все трудности перевешиваются благостью Бога, Который щедро одаривает верных Своей милостью.

Все начинается с трагедии. Ужасная засуха — одно из последствий отступничества Израиля — вынуждает еврейскую семью переселиться в Моав. Это немаловажный ход: переселенцы, видимо, считают, что Земля обетованная не подает надежд и что соперникам, вероятно, живется лучше. В конце концов, израильская земля вновь начинает приносить хороший урожай. А вот у наших главных героев дела не складываются. Умирает муж Ноемини, а затем и оба ее сына. Она остается одинокой вдовой, о которой некому позаботиться, кроме невесток, теперь тоже вдов. Понятно, что Ноеминь настроена весьма пессимистично.

В некотором смысле Книга Руфь — это история о Ноемини, о том, как Бог утешает отчаявшуюся женщину, возвращая ее в Землю обетованную к Божьему народу. Однако показательна и истории Руфи — иностранки, которая самоотверженно посвящает себя заботе о свекрови и присоединяется к избранному народу.

Вернувшись с Ноеминью в ее родной город Вифлеем, Руфь находит себе работу на время сбора урожая — собирает упавшие колосья на поле Вооза, дальнего родственника Ноемини. По наущению свекрови Руфь довольно смело отправляется в поле посреди ночи, чтобы донести до Вооза свое желание выйти за него замуж. Это смелый поступок. Когда Вооз находит ее спящей у своих ног, он накрывает ее своей верхней одеждой — символ будущего искупления. После того как все формальности, предписываемые обычаем, были соблюдены, Вооз и Руфь поженились, и у них родился сын. Ноеминь получила наследника, а Руфь стала прабабушкой царя Давида и вошла в родословную Мессии.

Книга Руфь — небольшая книга со множеством важных тем и истин. Она показывает, что Бог с готовностью утешает разочарованных и искупает тех, чья жизнь разрушена трагедией. Любое несчастье может быть обращено Им к благу. Ноеминь уже не надеялась на место в вечном Божьем плане. Руфь — чужестранка, которую при других обстоятельствах презирали бы, но она органично вошла в Божий народ благодаря своей верности и самоотверженной любви даже в эпоху, когда каждый был сам за себя. Вооз — бездетный пожилой мужчина, который внезапно обрел невесту, сына и новое начало в жизни. А Бог, неприметный режиссер этой истории, от всего сердца переживает о людях и выручает их в трудные времена. Он — Искупитель, Который приглядывает не только за избранным народом, но и за язычниками, принимающими Его ценности и Его пути. Эта история — пример того, как исполняется обещание, данное Аврааму: благословить тех, кто благословляет евреев. Пусть это и скромный пример, он предвещает гораздо более масштабное вхождение язычников в Царство много веков спустя, когда на празднике урожая Бог изольет Своего Духа и на евреев, и на язычников.

Эта книга отражает библейскую истину о том, что Бог возвышает кротких и близок к сокрушенным сердцем. Даже в глубочайших разочарованиях Он помогает нам заново открыть смысл нашей жизни и ведет нас к будущему счастью. Этот путь может оказаться небыстрым, но если мы идем по нему с верой и терпением, то непременно придем к счастливому концу. И убедимся, что терпели не зря.

ВОПРОС ДЛЯ РАЗМЫШЛЕНИЯ

Чем отношения между Руфью и Воозом похожи на наши отношения с Иисусом?

## ДЕНЬ 17

# ПЕРВАЯ КНИГА ЦАРСТВ

Первая книга Царств описывает становление в Израиле монархии. Это был непростой процесс: то, что народ требовал царя, озадачивало правящего священника и огорчало Бога. Первый царь ослушался Бога и растерял Его призвание, второй же царь вынужден долго скитаться, прежде чем прийти к власти. Вокруг этих трех персонажей — Самуила, священника и пророка, Саула, неуравновешенного и своевольного царя, и Давида, будущего царя по сердцу Бога — и вращаются события этой книги. Здесь есть также множество дополнительных сюжетов, решающих событий и личных конфликтов. Хоть Израиль и избран Богом, переходный период от разобщенности к стабильной монархии не защищен от интриг, борьбы за власть и острого соперничества. Божий народ хочет, чтобы у него был царь, как у всех других народов. Но, к сожалению, у него и так много не самых лучших сходств с другими народами.

Хотя в Первой книге царств наиболее заметны Самуил, Саул и Давид, время перемен начинается с более скромной особы: бездетной женщины, которую постоянно упрекает за бездетность вторая жена ее мужа. Анна молит Бога о сыне, обещая, что отдаст его Богу, чтобы он был священником. Бог отвечает, и Анна исполняет обещанное. Этот сын — Самуил, который вырастает на смену предыдущему священнику и его нечестивым сыновьям. Хотя Самуил предупреждает людей об опасностях, связанных с монархией, по их настоянию он все же руководит переходом от эпохи судей к воцарению Саула, а затем от Саула к Давиду (хотя Самуил не доживает до фактического восхождения Давида на престол).

Самуил помазывает Давида на царство, после того как Бог отвергает Саула за, как минимум, два случая непослушания. Но от помазания Давида до смерти Саула проходит много времени, и Давид проводит большую часть этого времени в бегах. Самуил умирает, когда Давид еще в изгнании, оплакивая неправедное правление Саула. По мере того как Саул вначале укрепляет свою власть, а затем отпадает от благодати и становится все более неуравновешенным — в последние годы он постоянно мучился завистью, яростью и маниакально-депрессивными состояниями, — роль Самуила в этой истории ослабевает, и на первый план выходит Давид. Первая книга царств подробно рассказывает о том, как пришел к власти величайший царь Израиля.

Многие эпизоды из жизни Давида широко известны. Он из пращи убил филистимского великана Голиафа, хотя угрозы филистимлянина долго держали в страхе всю израильскую армию. Он играл на гуслях для Саула, когда тому было тревожно на душе. Он близко подружился с Ионафаном, сыном Саула. В награду за его подвиги Саул дал ему в жены двух своих дочерей. Он долго скрывался от гнева Саула, собрав вокруг себя отряд верных воинов, которые сопровождали его в изгнании. Давиду помогают едой и припасами священники, которые впоследствии все погибают из-за содействия врагу Саула. На какое-то время Давид притворяется сумасшедшим, чтобы укрыться в филистимском городе. Он знакомится с женщиной по имени Авигея, которая умоляет его не мстить ее негостеприимному мужу; Давид соглашается, но через несколько дней муж умирает сам, а Давид женится на Авигее. Периодически он совершает нападения на селения врагов Израиля. Он также готовится к серьезной войне против армии Саула, хотя дважды отказался от возможности убить царя. Филистимляне отказываются от военного союза с ним, и неизвестно, что было бы, если бы они согласились. Неужели Давид поднял бы оружие против своего народа и царя? Первая книга царств не дает ответ на этот вопрос.

Однако из всех этих событий видно, что Давид полностью предан Богу. Пастух, которому предстоит стать царем, — человек горячий, целеустремленный и принципиальный. Он отказывается причинить вред Божьему помазаннику, хотя тот поклялся его убить. Он не может выслушивать оскорбления в адрес армии Бога живого, поэтому принимает вызов великана и рискует жизнью в поединке один на один. Он чувствует ответственность за то, что на его лагерь напали, за пострадавшие из-за этого семьи, поэтому преследует обидчиков и возвращает все утраченное. Он не скрывает того, что у него на сердце. А сердце его, по большей части, отчаянно жаждет Бога.

Итог этой книги: Бог на стороне таких людей, как Давид. Народ в состоянии духовного кризиса требует царя и получает его, а за последующие сорок лет убеждается, что просто царь — это недостаточно. Нужно, чтобы это был хороший царь. Давид, любящий Бога и следующий за Ним от всего сердца, постепенно возвышается, а Саул лишается царства. Эти две жизненные траектории явно показывают: Бог ищет верных последователей, готовых ради Него на все. Найдя таких людей, Он готовит их к будущему величию и наделяет важной миссией.

ВОПРОСЫ ДЛЯ РАЗМЫШЛЕНИЯ

Как вы думаете, почему прошло так много времени от помазания Давида на царство до смерти Саула и фактического воцарения Давида? Чего Бог достиг за это время?

ДЕНЬ 18

# ВТОРАЯ КНИГА ЦАРСТВ

Давид прошел долгую подготовку. Так оно обычно бывает с выдающимися Божьими слугами. Авраам долгие годы ждал наследника; Иосиф прошел через предательство, рабство и тюрьму, прежде чем Бог исполнил посланные ему сны; Моисей провел сорок лет в изгнании, прежде чем вернулся в Египет, чтобы вывести оттуда израильский народ. Теперь же, после многих лет в пустыне, пришло время Давиду взойти на престол.

Но и тут не все гладко. Мнение народа о том, кто должен наследовать царство, разделилось. Северные племена Израиля поддерживают сына Саула Иевосфея, тогда как дом Иуды помазывает царем Давида. Следует продолжительная гражданская война между домом Давида и домом Саула, которая в конце концов заканчивается, но не без кровопролития и предательств. Тогда, наконец, Давид помазывается царем и в Израиле, и народ снова объединяется.

Вторая книга царств показывает Давида как истинного Божьего поклонника, мужа по Его сердцу. Во-первых, он хочет перенести в Иерусалим ковчег завета, а во-вторых, построить Богу храм в Иерусалиме, своей новой столице. Во время переноса ковчега случается неприятность — один из несущих погибает из-за того, что прикоснулся к этому священному предмету. Когда ковчег заносят в Иерусалим, Давид танцует от радости, а его жена упрекает его за столь вольное поведение на глазах у простого народа.

С постройкой храма тоже не все складывается: Бог лишает Давида этой чести и передает ее следующему поколению. Давиду остается лишь посвящать будущему храму псалмы, а также, по более позднему свидетельству летописца, разрабатывать его архитектурный проект. Но уже то, что Давид выразил это желание, побуждает Бога навсегда закрепить престол за родом Давида. Позднее, когда Израиль попадет в плен и никаких наследников Давида и близко не будет на престоле, многие богословы сломают копья в попытках согласовать этот факт с Божьим обетованием. Однако Новый Завет поставит все на свои места: это обетование исполнится через определенного Потомка Давида, Который родится в святую ночь в городе Давидовом Вифлееме. Род Давида действительно будет царствовать вечно.

Значительная часть Второй книги царств посвящена военным успехам Давида, а также последующему упадку. Он одерживает впечатляющие победы над филистимлянами, моавитянами, арамейцами и навевающими на всех ужас амаликитянами. Но и в его правлении наступает полоса неудач, с попытками переворота среди его родных, дворцовыми интригами и предательством. Несомненно, переломный момент в его царствовании — его грех с Вирсавией и неудачные попытки это скрыть; после этого дом Давида почти непрестанно преследуют всякие неурядицы. Пророк Нафан обличает Давида в том, что он «украл овечку» — затянул к себе в постель жену своего верного воина, а затем подстроил смерть воина на поле боя, чтобы скрыть, от кого беременна его жена. Ребенок, зачатый в этом грехе, умирает, но следующий сын Давида и Вирсавии унаследует царство в знак того, что позорный грех искуплен и прощен Богом.

Одна из самых трогательных особенностей исторических книг Библии — в них никогда не идеализируются даже самые положительные персонажи. Давид — наш герой, но и у него есть серьезные недостатки. Он — муж по сердцу Бога, пламенный поклонник, однако он часто принимает неправильные решения и накликает беду. Из-за него погибает не только муж Вирсавии, но и множество народа: священники из Номвы (еще когда он скрывался от Саула, см. 1 Царств), вожди сторон, соперничавших с ним за царство, и даже семьдесят тысяч простых граждан, после того как он провел перепись населения, несанкционированную Богом и вызвавшую Его гнев. Но, вопреки всему этому, Давид вошел в историю как величайший царь Израиля, прообраз будущего Мессии (Который, в отличие от Давида, был безгрешен), пример искренних и честных отношений с Богом, отличавшихся пылкими чувствами, желаниями, сожалениями и раскаянием. Главный урок, который мы можем извлечь из истории Давида: Бог любит тех, кто стремится к Нему всем сердцем, порой даже безрассудно, не претендуя на безупречность. Иисуса часто называли «Сыном Давида», ведь, несмотря на все свои недостатки, Давид любил Бога больше всего на свете. Его сердце подобно сердцу безгрешного Мессии, а также сердцам всех тех, кто преданно за Ним следует. Даже если наша жизнь далека от идеала, наша искренняя любовь — радость для Бога.

### ВОПРОСЫ ДЛЯ РАЗМЫШЛЕНИЯ

Что значит быть человеком по сердцу Бога? Как это проявлялось в жизни Давида? Как это проявляется в вашей жизни?

## ДЕНЬ 19

# ТРЕТЬЯ КНИГА ЦАРСТВ

Господь возлюбил Соломона. Так сообщает нам Библия (2 Цар. 12:24). Давид тоже возлюбил этого сына и избрал его своим наследником. Однако в начале Третьей книги царств мы читаем, что Давид умер и другой его сын стал готовиться к восхождению на престол. Разгорелся конфликт, в котором Соломон проявил неожиданную жестокость и не успокоился, пока не избавился от всех соперников. Довольно быстро он прибрал к рукам все царство.

Однако сердце у Соломона было уже не то, что у Давида. У него было много достоинств — в первую очередь, мудрость. Однажды, когда Соломон, из любви к Богу, принес тысячу жертв на жертвеннике в Гаваоне, ему приснился сон, в котором Бог щедро предложил ему просить, чего бы он ни пожелал. Поскольку Соломон выбрал мудрость и разумение, а не богатство или власть, Бог дал ему все вышеперечисленное. Соломон приобретает известность как мудрый судья, например, в случае, когда две блудницы пришли к нему с ребенком оспаривать, кто из них — его мать. Он пишет тысячи притч и песен. Его слава простирается далеко за пределы Израиля; царица Савская приезжает к нему с визитом и восхищается великолепием его царства. Но у него тоже есть недостатки, и среди них — нерадение о Божьих заповедях, чего не было у его отца. Он берет в жены многих чужестранок ради укрепления политических союзов, хотя эта практика была твердо запрещена Законом. Он покупает лошадей и военную технику в Египте, что также было запрещено Законом. Он изнуряет народ тяжелым трудом (хоть в 3 Цар. 9:22 и подчеркивается, что израильтяне не были рабами). Ближе к концу жизни, по просьбам своих жен, он начинает возводить языческие жертвенники и, более того, поклоняться у них чужим богам. Он глубоко разочаровывается бренностью и тщетой существования — мудрец, пренебрегший собственными советами и испытавший на себе те негативные последствия, от которых сам же предостерегал. Соломон — печальный пример человека, хорошо начинавшего и плохо кончившего, погрязшего в грехе и отчаянии.

Тем не менее, время правления Соломона считается золотым веком израильской государственности. Царь, чье имя означает «мир» (от слова «шалом»), расширяет границы своей страны и наслаждается миром. Благодаря стабильности он может построить храм, как было обещано Богом, а также пышный царский дворец. Период славы продлился недолго; сразу после смерти Соломона народ разделился и долгие годы страдал от идолопоклонства и войн. Но хотя бы короткое время Израиль был примером того, как Бог может благословить царство.

Примерно через семьдесят лет после смерти Соломона, когда северное царство — Израиль — впало в ужаснейшее идолопоклонство при царе Ахаве и его царице, языческой жрице Иезавели, на сцене появляется загадочный пророк Илия, который объявляет засуху, в наказание за непослушание (о котором предупреждалось еще в двадцать восьмой главе Второзакония). После трех лет без дождя Илия вступает в духовное состязание с пророками Ваала на горе Кармил. Ваал неспособен зажечь огонь на жертвеннике своих пророков, тогда как истинный Бог охватывает огнем жертвенник, сооруженный Илией, даже после того как его облили водой. Народ воочию убеждается, у чьего Бога реальная сила, и обращается к Богу, пусть и поверхностно. Но, даже когда за засухой следует ливень, царь с царицей не смягчаются, поэтому Илия вынужден скрываться. Бог еще раз призвал Свой народ вернуться к Нему, и многие отдельные люди ответили на призыв, но в целом народ не изменился.

Третья книга царств показывает взлеты и падения грешных людей в отношениях со всемогущим Богом. В наши лучшие моменты мы ищем мудрости, как Соломон, желаем видеть славу Божью в Его храме, посвящаем Ему свои лучшие начинания и ощущаем силу в полной преданности Ему. Однако нередко за прекраснейшими встречами с Богом следуют вялость Соломона, уныние Илии или и вовсе вопиющее идолопоклонство, как у избранного народа. Мы поднимаемся с Богом на величайшую высоту, но это не гарантирует, что мы никогда Его не забудем. Эта опасность остается всегда, хотя мы знаем, что Он зовет нас дальше и хочет, чтобы Его присутствие было в нас и среди нас, как Он объявил на церемонии посвящения храма. В Третьей книге царств мы видим, как люди тянутся к Богу, Бог тянется к людям, но человеческая греховность снова и снова обрывает эти отношения. Но мы также знаем, что есть величайший храм и более истинный жертвенник — что Бог, даже после столетий человеческих неудач, все еще хочет жить среди нас.

### ВОПРОСЫ ДЛЯ РАЗМЫШЛЕНИЯ

Как вы думаете, почему столь мудрый человек, как Соломон, завершил жизнь в разочаровании и унынии? Почему мудрость не принесла ему счастья и удовлетворения?

## ДЕНЬ 20

# ЧЕТВЕРТАЯ КНИГА ЦАРСТВ

Третья книга царств — история о разобщении и упадке израильского народа. Четвертая книга царств продолжает эту историю, доводя до трагического конца — полной утраты государственности. Это происходит в два приема: вначале северное царство Израиль завоевывает Ассирия, а затем, более чем столетие спустя, Вавилон опустошает Иудею, южное царство. Для народа, которому Сам Бог дал щедрые обещания, это не только национальное бедствие, но и богословский кризис. Бог оставил Свой народ на произвол судьбы. Почему?

Ответ на этот вопрос звучит у многих пророков, чьи книги мы рассмотрим позже. Но не все крупные пророки оставили после себя книги, два главных примера — Илия и Елисей. Третья книга царств заканчивается служением Илии, а Четвертая — начинается с передачи Илией этого служения своему юному помощнику Елисею, который перешел вместе с учителем через Иордан, был отделен от него огненной колесницей и видел, как Илия вознесся в вихре на небо. Перед этим Елисей попросил двойную меру духа, который был в Илии, — его силы, влияния, помазания, — и вскоре убедился, что получил просимое.

Вся эта передача служения довольно символична — два пророка вместе идут по направлению из Земли обетованной, практически тем же путем, которым Иисус Навин привел сюда народ за много веков до того. А затем Елисей уже сам пересекает Иордан там же, где израильтяне некогда перешли его впервые. Бог словно говорит: «Попробуем еще раз!» Фактически, так оно и бывает в наших отношениях с Богом. Мы оступаемся, но Он посылает нам новые и новые шансы.

Эта тема много раз повторяется в исторических книгах еврейского Писания. В Четвертой книге царств мы видим, как Божий народ распыляется, нарушив завет, хотя и следует отметить несколько благородных попыток вернуться к благословениям жизни в завете. Хорошие цари, например, Иоас, Езекия и Иосия, заслуживают уважения: они не просто пытались провести реформы, вернуть народ к Богу и очистить землю от идолопоклонства (хоть и в разной степени), но и были исключительными лидерами. Они не боялись противостоять обычаям и плыть против общественных течений в потоке Божьего Духа. Годы их правления — яркие точки на тусклом полотне того, как многие другие цари испытывали Божье терпение и не соблюдали завет (а порой и открыто над ним глумились).

И в таком обществе вырастает Елисей. Получив двойную меру духа Илии, он совершает вдвое больше чудес, по крайней мере, записанных в Писании; многие из этих чудес предвещают те, которые через много веков совершит Мессия. Он снимает проклятие с Иерихона, очищая в нем воду, воскрешает единственного сына вдовы, исцеляет язычника от проказы и отодвигает завесу невидимого мира, показывая своему слуге Божье воинство. Елисей дает северному царству предостерегающие знаки, но его цари продолжают игнорировать Бога. В итоге завет позабыт, и положение дел плачевно. В отличие от летописцев других народов, идеализировавших правителей и их достижения, историки Израиля откровенно говорят о развращенности своих царей и ее последствиях. И, в отличие от других летописцев, историки Израиля оценивают правителей не по тому, сколько войн они выиграли и каким влиянием пользовались, а по тому, поклонялись ли они Богу с чистым сердцем. Ни один из царей северного царства не подчинялся Богу, поэтому Он позволил Ассирии завоевать Израиль и рассеять его народ. Израильтянам никогда больше не стать отдельным народом, святым для Бога.

Южное царство, Иудея, дольше избегает завоевания — тут было хотя бы несколько царей, попытавшихся провести реформы и вернуться к Богу. Но и его население в конце концов угоняют в плен, а Иерусалим и его святой храм, место обитания Бога, остаются в руинах. Многие жители Иерусалима впоследствии вернутся, как предсказывали пророки, и отстроят Иерусалим для остатков избранного народа. Четвертая книга царств завершается упоминанием об Иехонии — оставшемся в живых потомке Давида; в этом виден намек на то, что Бог не забыл о Своем обещании навеки утвердить его престол. Однако остаток скуден. В конце Четвертой книги царств избранный народ не очень-то на себя похож.

Так всегда кажется, когда наши мечты и судьбы рушатся у нас на глазах. Божье обетование может выглядеть маловероятным или вообще невозможным. Но Он не забыл о Своих планах восстановить мир, разрушенный грехом, — планах, объявленных еще в Книге Бытие, закрепленных в израильском Законе, напоминаемых в плену через пророков. Он не начинает того, что не собирается завершать. Это относится ко всему миру в целом, к призванным Им народам и к каждому искупленному человеку. Если Он начал доброе дело в нас или среди нас, Он его закончит — со временем, вопреки любым кризисам, и даже когда наша вера не может вообразить, как это произойдет. Возможно, Он позволит нам упасть, но не настолько, чтобы выпасть из Его достижимости. Он никогда не отказывается от Своих планов.

### ВОПРОСЫ ДЛЯ РАЗМЫШЛЕНИЯ

Как бы вы реагировали на дела таких пророков, как Илия и Елисей? Что мы можем узнать из их примера о том, как говорит Господь? А как обычно реагируют люди (на примере израильтян)?

ДЕНЬ 21

# ПЕРВАЯ КНИГА ПАРАЛИПОМЕНОН

Обе книги Паралипоменон не являются продолжением ранее описанной израильской истории. Они описывают ее под иным углом, добавляют нюансы и общее осмысление. Из родословных, культурологических комментариев и богословской позиции этих книг мы видим, что они были написаны уже после изгнания, но в них делается также обзор предшествующих событий — от времен Давида и далее. Более того, жизнь Давида — это ключ к пониманию обеих книг. Их автор усматривает в Божьем завете с Давидом определяющий момент в судьбе нации. Из времени после изгнания он оглядывается назад, чтобы рассмотреть, что впереди.

Из-за заинтересованности, в первую очередь, Давидом и его линией преемственности, Первая и Вторая книги Паралипоменон описывают многие события, о которых мы уже читали в книгах царств: военные походы Давида, его желание перенести в Иерусалим ковчег завета, установка в Святом городе скинии. Повествование начинается с подробного родословия, подводящего к личности Давида и продолжающегося дальше, вплоть до вавилонского плена и возвращения в Иерусалим. Но это лишь история Иудеи; ко времени написания Паралипоменон израильтяне северного царства уже рассеялись и смешались с ассирийцами. Первая книга Паралипоменон, таким образом, берет на себя агитационную роль, убеждая Иуду воздать должное завету с Богом и быть верным Ему остатком. Это история о вразумленном, хоть и поредевшем народе, снова собирающемся вместе, чтобы отделиться для Бога — с обновленным видением и посвящением.

Значительное внимание уделяется в 1 Паралипоменон тому, как священники и музыканты вели народ в поклонении и как Бог благословил царство за такой акцент на хвале Его имени. Подчеркивается Божье обетование навсегда утвердить царскую линию Давида, а также позволить его наследнику построить храм. В гораздо больших подробностях рассматривается передача царства от Давида к Соломону: повествуется, как Давид проповедовал народу, наставлял сына на исполнение великой миссии и даже передал ему подробные архитектурные и литургические планы для храма.

Глядя уже с позиции искупления, автор 1 Паралипоменон описывает лишь военные успехи Давида и не упоминает о его грехе с Вирсавией, попытке утаить этот грех и плачевных последствиях этого. Теперь уже нет необходимости объяснять грехи отцов, народ уже понес достаточное наказание за них. Интересно, что здесь автор вносит кое-какие коррективы в богословие: возлагает вину за плохие происшествия на сатану и не считает их Божьим судом. Например, во Второй книге царств (24:1) сказано, что это Бог во гневе побудил Давида устроить перепись населения, в Первой же книге Паралипоменон — что это сделал сатана. Такое смещение акцентов заставляет нас рассматривать духовную историю более комплексно, с учетом разных измерений в конфликте между Богом и Его врагами. За все годы царства, вплоть до его падения, Израиль не просто успел нарушить завет с Богом — он проиграл духовную войну. Здесь не обошлось без вмешательства лукавого.

Итак, Первая и Вторая книги Паралипоменон не просто повторяют историю Израиля, а дают ее духовную интерпретацию. С одной стороны, праведный царь Давид всем сердцем стремится к Богу и хочет утвердить еврейский народ в данной ему Богом роли священника по отношению к другим народам, в роли посредника между Богом и падшим миром. Но идолы — не только ненадежные человеческие сердца, но и злые духи невидимой реальности — яростно восстают против Божьего народа. Скиния Давида и храм Соломона — это необходимость. Во главе угла — поклонение истинному Богу. Книга Паралипоменон вызывает у читателей восхищение праведным царем и уверенность в том, что Бог хочет присутствовать среди Своего народа. Это присутствие, согласно богословским взглядам автора, составляет главную цель завета.

Это важно понимать. Люди сотворены не потому, что Богу недоставало слуг. Главное — отношения. Бог желает разделить Самого Себя с людьми, способными взаимодействовать с Ним на разных уровнях: интеллектуально, эмоционально, духовно, а временами и физически, через физические акты поклонения и Его осязаемые ответы. Вся библейская история до этого момента и дальше показывает, как это важно и как сложно. В определенном смысле все Писание — это ответ на вопросы, впервые озвученные в Эдемском саду. Действительно ли Бог благ? Действительно ли Он сказал так, как вы думаете? Действительно ли вы на Него похожи? Связь, утраченная в Эдеме, постепенно восстанавливается, и важный этап этого — Божий завет с Давидом. Чем больше мы входим в завет с Богом и ищем Его присутствия, тем ощутимее становится Его Царство в нашей жизни.

### ВОПРОСЫ ДЛЯ РАЗМЫШЛЕНИЯ

Как вы думаете, почему Давид так стремился построить Богу храм? В чем была важность этого храма?

ДЕНЬ 22

# ВТОРАЯ КНИГА ПАРАЛИПОМЕНОН

Книги Паралипоменон идеализируют Давида и выставляют его как прекрасный пример для подражания, но в то же время приводят множество примеров, которым не следует подражать. Здесь поощряется все то, что способствует правильным отношениям с Богом (и на государственном, и на индивидуальном уровнях), и порицается то, что отделяет нас от Него и лишает Его божественного присутствия. Все сводится к одному решающему фактору: кому или чему мы поклоняемся?

Вот почему Божий храм и так называемые «высоты», где совершалось идолопоклонство, так часто упоминаются в Писании. Поклонение истинному Богу — а из этого непременно следует и послушание — несет жизнь и успех, как уже было сказано в Торе. Поклонение идолам и непослушание Богу несет смерть и запустение. Нередко в одном человеке можно увидеть и ту, и другую тенденцию. Некоторые цари хорошо начинают и плохо заканчивают. Другие же, наоборот, плохо начинают, а заканчивают хорошо. А некоторые пожинают последствия того, что противились Богу всю жизнь. Это истории героев и злодеев, которые имеют непосредственное влияние на весь народ Иудеи. И, как мы уже видели, все заканчивается катастрофой.

Ну, или почти все. Катастрофа не полная, и нельзя сказать, что все закончилось. Вот стихи почти в самом конце Второй книги Паралипоменон: «И посылал к ним Господь, Бог отцов их, посланников Своих от раннего утра, потому что Он жалел Свой народ и Свое жилище. Но они издевались над посланными от Бога и пренебрегали словами Его, и ругались над пророками Его, доколе не сошел гнев Господа на народ Его, так что не было ему спасения» (36:15–16). Но дальше следует краткий эпилог (36:17–23): хотя Иерусалим и был разрушен почти до основания, плен продлился положенные семьдесят лет, как и предсказывал пророк Иеремия, а потом Кир, царь персидский, издал указ, позволяющий иудейским переселенцам вернуться на родину. В любой катастрофе остается надежда.

Даже до этого эпического конца в книге встречаются и другие проблески надежды. Царь Аса — реформатор, решивший очистить народ от идолов и полагающийся на Бога в битвах; Бог защищает его. Когда Аса начинает рассчитывать на собственные силы, пророк напоминает ему главный принцип успеха: «Очи Господа обозревают всю землю, чтобы поддерживать тех, чье сердце вполне предано Ему» (2 Пар. 16:9). Бог спешит прийти на помощь тем, кто предан Ему всем сердцем. Мы видим эту истину на практике в царствовании Иосафата, преемника Асы. Попадая в окружение врагов, он взывает к Богу. Пророк объявляет ему, что это не их война, а Божья, и что им нужно лишь стоять и смотреть на спасение Господне. Впереди войска Иосафат ставит музыкантов, прославляющих Бога. Когда начинается битва, Бог побуждает врагов иудеев обратиться друг против друга. Его народ признает свою слабость и просто прославляет Его — и Бог сражается за него. Однако по какой-то причине многие поколения израильтян — да и других верующих — забывают эту истину, полагаясь на собственные возможности и силы.

Это относится и к нескольким поколениям после Иосафата, но Езекия наконец-то возобновляет храмовое поклонение и празднует Пасху, которой долго пренебрегали. Такое оживление духовной жизни пробуждает Господню милость, и когда злой и якобы непобедимый царь Ассирии с угрозами осаждает Иерусалим, Езекия взывает к Богу, и Бог защищает их город. В последнюю минуту, когда кажется, что все потеряно, Бог навсегда прогоняет ассирийцев.

Еще через несколько поколений воцаряется царь Иосия, вновь обращающий народ к истинному поклонению. Во время ремонта храма священник находит там книгу Закона Моисея. Эта важнейшая находка одновременно печалит (потому что о Законе давно забыли) и радует (поскольку его наконец нашли). Но и этого недостаточно, чтобы уберечь страну от Божьего суда; последующие поколения вновь отворачиваются от Бога, вопреки четким заповедям Закона.

Во всех этих биографиях, хороших и плохих, мы видим фрагменты истории Израиля на личном уровне. Да, это уровень не простых людей, а царей и военачальников, но и им не чуждо ничто человеческое. От них — от их мыслей и поступков — зависит благополучие всего народа. А жизнь этих людей зависит от их отношений с Богом. Эти отношения определяют все — успехи и неудачи, мир и войну, радость и горе. Те, кто старательно взращивает в себе любовь к Богу, получают благословение.

### ВОПРОСЫ ДЛЯ РАЗМЫШЛЕНИЯ

Почему Писание так высоко оценивает роль поклонения? Почему Израиль упорно возвращался к идолопоклонству? Как Бог напоминал Израилю о необходимости вернуться к Нему? Какие плоды приносит нам поклонение Богу?

ДЕНЬ 23

# КНИГА ЕЗДРЫ

Несмотря на разрушения, причиненные Вавилоном, эта воинственная империя тоже у Бога под контролем. То есть иудеи попадают в плен лишь на время, согласно высшей Божьей воле. По пророчеству Иеремии, изгнание длится семьдесят лет и завершается, когда Кир, царь Персии (которая позднее завоевала Вавилон), издает указ, позволяющий всем желающим из иудеев вернуться на родину. Около сорока тысяч человек решают воспользоваться этим позволением, хотя немало таких, кто уже прижился на новом месте и предпочитает там остаться. Те же, кто возвращается в Иерусалим, сталкиваются с нелегкой задачей: необходимо отстроить город и храм.

Начинается история восстановления. Божий народ, строго наказанный за нарушение завета, теперь должен не только десятилетиями тяжко трудиться на восстановлении города, но и восстанавливать отношения с Творцом. Если неверность так рассердила Бога, что Он позволил язычникам-вавилонянам увести Его народ в плен, то первым шагом назад должен быть новый обет верности. Раз Божье сердце так огорчает идолопоклонство, значит, необходимо в первую очередь восстановить истинное поклонение. Возвратившиеся иудеи с готовностью делают эти шаги.

Но на все нужно время. Первую волну обратных переселенцев возглавляют Зоровавель и Иисус, сын Иоседека. По возвращении они практически сразу же начинают приносить Богу жертвы на месте бывшего жертвенника. Они также закладывают основание для реставрации храма. Их работа прерывается местными противниками, которые посылают лживые жалобы царю, заявляя, что иудеи создают беспорядок и уклоняются от уплаты налогов. Но Дарий, преемник Кира, находит оригинал указа Кира и распоряжается не прекращать восстановительные работы. На радость народу, вскоре храм посвящают Богу.

Через семьдесят-восемьдесят лет, со второй волной переселенцев, в Иерусалим возвращается книжник Ездра; его задача — следить за соблюдением Божьего Закона. Он обнаруживает среди иудеев живое поклонение, но есть и тревожный фактор: многие взяли в жены иноплеменниц из оставшихся народов Ханаана и близлежащих стран. Дело тут не в национальности (иностранцы, принимавшие иудаизм, всегда беспрепятственно вливались в Божий народ), а в поклонении, ведь у мужчин возникало искушение поклоняться божествам их жен. Поэтому смешанные браки были слишком рискованны, ведь именно из-за идолопоклонства Бог изначально отправил Свой народ в изгнание. Те, кто только что вернулся, не должны возвращаться к грехам своих предков. Лидеры совещаются и решают запретить смешанные браки. Даже уже имеющихся иностранных жен следует отправить на их родину вместе с их детьми.

Это радикальные меры, но люди, еще недавно страдавшие от Божьей кары, должны быть крайне осторожны. Они познали на собственном опыте, что отвержение Бога ведет к большой скорби. Бог же тем временем показывает им, что Ему важнее их любовь, чем соблюдение формальностей. Да, Он хочет, чтобы Закон исполнялся, но послушание имеет смысл лишь тогда, когда исходит из любящего сердца. Он хочет не только возобновить, но и углубить Свои отношения с избранным народом.

В этой истории нам видны искренние человеческие чувства, особенно в той ее части, где говорится об основании храма. Некоторые пожилые люди, помнившие Иерусалим до разрушения, начинают плакать, в то время как другие восклицают от радости. Они ведут себя, как «видящие во сне», выражаясь словами псалмопевца (Пс. 125:1). Бог наконец-то утешил их после семидесяти лет печали.

Эта сцена не оставляет нас равнодушными, поскольку мы все хотели бы дожить до исполнения наших мечтаний. Возвращение Иуды из изгнания — пример свершившейся мечты; это символ великого восстановления, которое наступит, когда Иисус до конца утвердит Свое Царство. В Писании мы уже не раз видели спонтанные проявления радости: «дитя смеха» Авраама и Сарры, веселье после перехода через Красное море, вхождение в Землю обетованную, новый брак Руфи и утешение для Ноемини, беременность Анны в ответ на ее молитвы, посвящение храма и так далее. На глаза у нас наворачиваются слезы, когда чья-то мечта сбывается, — ведь все мы знаем, что значит ожидание этого. Мы так хотим, чтобы Бог исполнил и нашу мечту. И, по Писанию, так оно и будет. В нашей жизни наступит Его Царство, и это прекрасная новость. Так или иначе, раньше или позже, Он наполнит наше сердце радостью.

### ВОПРОСЫ ДЛЯ РАЗМЫШЛЕНИЯ

Довелось ли вам испытать восстановление от Бога? Если да, то как именно? Что нового вы узнали о Нем в процессе восстановления? Как это изменило вас и углубило ваши отношения с Ним?

## ДЕНЬ 24

# КНИГА НЕЕМИИ

Пока Ездра трудится над своими духовными задачами — восстанавливает Иерусалим как центр истинного поклонения и возвращает иудеям репутацию избранного Божьего народа, — Неемия занимает высокий пост при дворе персидского царя. Когда путники, пришедшие из Иудеи, сообщают ему печальные сведения об иерусалимской жизни, — город в руинах, и переселенцам приходится нелегко, — Неемию это сильно тревожит. Он молится и постится, с ощущением раскаяния за свой народ и безотлагательности дела. Его молитва — пример искреннего ходатайства. Переживания явно отпечатались на лице Неемии — царь спрашивает его, почему он так печален. После объяснения, царь поддерживает проект восстановления иерусалимских стен и соглашается его финансировать, назначая Неемию его начальником. С царским указом в руке, Неемия собирает отряд и отправляется отстраивать Иерусалим.

Дальше следует классическая история о том, как Бог действует через Свой народ — и как моментально появляются враги и препятствия. Несколько зачинщиков и их приспешники пробуют разные тактики, чтобы помешать строительству: прямое противостояние, запугивание, клевета, заговор, отвлечение внимания и манипуляция. Греховный мир всегда враждебен к построению Божьего Царства. Но при всех нападках Неемия и его сотрудники демонстрируют спокойствие, настойчивость и полную преданность делу. Они бдительно оценивают опасность — иногда просто не верят лжи и не поддаются запугиваниям, а иногда день и ночь охраняют своих работников от вероломных нападений. Они решительно не позволяют недоброжелателям сбить их с курса и вместе трудятся для достижения цели.

Не все угрозы строительству исходят извне. Многие евреи, вернувшиеся на родину, испытывают материальные трудности, и их более богатые соплеменники дают им ссуды — под очень выгодные проценты. В результате должники оказываются чуть ли не в положении рабов, что в корне противоречит Божьей воле для Его народа. Неемия собирает богачей, рассказывает, чем пожертвовал лично он, и призывает их покаяться, вернув людям все имущество, взятое в залог.

Когда стена отстроена, Неемия и Ездра заново утверждают Божий Закон и призывают людей подтвердить свою верность завету с Богом. Когда Закон читают вслух, люди плачут: они понимают, как сильно они и их предки пренебрегали Божьими словами. Но Неемия и священники изрекают лишь слова поддержки и воодушевления. Ведь радость в Господе дает людям силу.

Позже, на посвящении отстроенной стены, звуки ликования разносятся далеко вокруг. Люди перестают оглядываться на прошлые грехи и смотрят вперед, на яркую жизнь в восстановленном Божьем городе — месте истинного поклонения и справедливого отношения к ближним. Как и Ездра, Неемия жестко поступает с теми, кто взял в жены язычниц, вплоть до применения физической силы. Все аммонитяне и моавитяне, — народы, отказавшиеся помочь Израилю на пути в Землю обетованную, — отстранены от сообщества согласно Закону Моисея (вероятно, история о моавитянке Руфи уже давно позабыта). А тем, кто работает в субботу, грозит суровое наказание. Вожди народа ревностно заботятся о его чистоте и принимают для этого весьма жесткие меры.

Неемию часто приводят в пример как лидера от Бога (хотя на семинарах о лидерстве обычно умалчивают о том, как он бил и проклинал тех, кто переженился с иноплеменниками, и даже вырывал у них волосы). И действительно, его бескомпромиссная преданность делу явилась залогом его успеха. Он и вправду принял задание от Бога, Который положил Свою волю Ему на сердце. Но эта история побуждает нас задуматься о том, что значит быть Божьим сообществом. Где граница между законом и благодатью? Как соответствовать Божьим требованиям из любви, а не по принуждению? Как могут грешные люди являть своему окружению святого Бога? Иудаизм будет пытаться решить эти вопросы еще много столетий после Ездры и Неемии, да и для нас они сегодня актуальны. Бог совершенен, мы — нет, и пропасть между нами требует моста.

### ВОПРОСЫ ДЛЯ РАЗМЫШЛЕНИЯ

Чему можно научиться у Неемии (упорство в выполнении Божьей воли, решение конфликтов и устранение отвлекающих факторов)? Почему это важно в нашей жизни с Богом?

## ДЕНЬ 25

# КНИГА ЕСФИРЬ

В отличие от Книг Ездры и Неемии, Книга Есфирь не уделяет внимания законам и правилам иудаизма — ограничениям в еде, священным праздникам или бракам с иностранцами. В ней вообще не упоминается Бог. Цель этой книги не в том, чтобы поддержать вернувшихся в Иерусалим и Иудею; напротив, она призвана воодушевить оставшихся в других местах империи. Эти иудеи, которых было гораздо больше, чем вернувшихся, жили среди множества языков и культур; некоторые из них ассимилировались, другие же стойко удерживались от ассимиляции. Они были частью многонационального общества Персидской империи.

Как и в Европе 1930-х гг., в Персии были те, кто не желал видеть в своей стране евреев. Наиболее заметным среди них был Аман, самовлюбленный потомок царя амаликитян. Много веков назад израильский царь Саул пренебрег Божьим повелением истребить всех амаликитян; теперь жестокое этническое соперничество воплощается в конфликте между Аманом и Мардохеем, евреем, который, видимо, занимал некий влиятельный пост при дворе. Мардохей отказывается кланяться Аману, и это приводит последнего в такую ярость, что он строит планы «убить, погубить и истребить» весь иудейский народ. Но при этом он не знает, что царица Есфирь, молодая еврейка, которую раньше звали Гадасса и которая за несколько лет до того была выбрана царем вместо прежней жены, приходится Мардохею близкой родственницей. Хоть и не без сомнений, Есфирь берется за дело спасения своего народа, и это становится поворотным моментом истории. Она оказалась на месте царицы именно «для такого времени» (Есф. 4:14), когда над Божьим народом — и над всем Божьим планом спасения — нависла смертельная угроза.

Далее следует множество перипетий и неожиданных поворотов сюжета. Осторожно и постепенно, Есфирь разоблачает заговор перед царем и открывает ему свою этническую принадлежность. Гордый Аман считает себя самым могущественным человеком в царстве, но после его падения (которое, по Библии, всегда следует за гордыней) его и его сыновей вешают на той самой виселице, которую он приготовил для Мардохея. Ситуация повернулась на сто восемьдесят градусов, древний Божий указ относительно амаликитян приведен в исполнение, и еврей Мардохей занимает высокий пост Амана. Это масштабное возмездие вспоминается евреями на празднике Пурим по сей день, самом веселом празднике еврейского календаря.

Хотя события Книги Есфирь явно устроены Богом, Который не потерпит, чтобы Его планы расстроили, а Его народ стерли с лица земли, примечательно, что во всей книге ни разу не упоминается о Его вмешательстве и даже Его имя. Нам с вами тоже приходится читать свою жизнь между строк и самостоятельно решать, является ли происходящее случайностью, совпадением или волей Божьей. Когда мы проходим трудные времена, у нас нет комментатора, который бы все разъяснил; нам остается лишь верить и поступать по известной нам истине. В самых критических ситуациях мы сами выбираем, ожидать худшего или уповать на то, что Бог верен Своим обетованиям. Как и Есфирь, мы стоим между страхом и верой и должны осознавать, что Бог не случайно привел нас на это место и что наши решения — это петли, на которых держится Божья история. Прежде всего, нам следует помнить, что безнадежных ситуаций не бывает и что Бог способен самым неожиданным образом обернуть поражение победой, сетование — танцами, а смерть — воскресением. И эти победы бывают не только на страницах Его Слова, но и в нашей жизни.

### ВОПРОСЫ ДЛЯ РАЗМЫШЛЕНИЯ

Каким образом нам приходится «читать между строк» своей жизни, чтобы увидеть в ней Бога? Что привычнее для вас — приписывать происходящее Богу или человеческим поступкам? Или и тому, и другому? Почему?

ДЕНЬ 26

# КНИГА ИОВА

Некоторые делают из Книги Иова вывод, что Бог недостаточно защищает Своих детей. Но при внимательном прочтении мы видим, что Он как раз защищал Иова и только на время убрал Свою защиту. Другие люди заключают, что человеческие страдания — тайна, покрытая мраком и не поддающаяся богословскому объяснению, хотя уже в первой главе нам четко сказано, почему страдал Иов. Действительно, это объяснение скрыто от него, даже в самом конце книги, но читатель ясно его видит. Нет, идеи Книги Иова гораздо тоньше и глубже, чем осознает большинство читателей.

В самом широком смысле можно сказать, что у страдания всегда есть цель, но нам она часто неизвестна. В случае Иова, он стал предметом вызова, брошенного Богу сатаной, и Бог позволил одному из лучших Своих слуг сыграть эту роль — не потому что Бог несправедлив или жесток, а потому что ставки слишком высоки и превышают текущее благополучие Иова. По сути, Книга Иова ставит перед читателям серьезный богословский вопрос: можно ли поклоняться Богу за Его благость, даже когда эта благость временно отступает от нас? Противник — дословно, сатана — полагает, что верность Иова поверхностна и зависит от благословений, получаемых им от Бога. Бог же убежден, что их отношения гораздо глубже. Если этот набожный человек продолжит поклоняться Богу и после того, как Он отберет у него все дарованные благословения, Бог прославится в этом, а обвинения сатаны будут опровергнуты.

Вот о чем на самом деле идет речь — о свидетельстве Божьей славы. Временно Иов должен будет за это платить, но в конце получит щедрое вознаграждение. Тем не менее, само испытание чрезвычайно болезненно. Все отворачиваются от него, и его вера напрягается практически до предела.

Богословская суть этой книги раскрывается в беседах Иова с его друзьями. Друзей часто критикуют за ошибочные суждения, но мало кто замечает, насколько точно они цитируют Писание и библейские принципы. Возможно, поэтому из их высказываний тоже нередко черпают цитаты: люди видят истину в их словах и с легкостью вырывают их из контекста, не осознавая, что в конце Бог порицает этих болтунов за их неправоту. Однако то, что они говорят, хорошо согласуется с благословениями и проклятиями из двадцать восьмой главы Второзакония, а также с притчами Соломона и общей тенденцией исторических книг: мы действительно видим, что Бог благословляет послушных Ему и лишает благословения тех, кто не слушается. Это бесспорные библейские истины — но когда их цитируют друзья Иова, Бог их за это порицает. Почему? Потому что истина, сказанная не вовремя, перестает быть таковой. А друзья Иова даже не интересуются у Бога, что же Он делает в этой ситуации. Как и многие современные верующие, они используют истины Слова бездумно, как штампы. Нет необходимости вслушиваться в Божий голос, если у вас заготовлены библейские шаблоны на все случаи жизни. Однако в Книге Иова такой подход решительно осуждается.

Истина в том, что наши отношения с Богом — это отношения с Ним, а не с набором принципов, пусть даже библейских. Нужно уметь распознавать Его голос и Его цели, даже когда нам кажется, что и так все ясно. Истина может быть применима к одной ситуации и неприменима — к другой. Многое зависит от времени в жизни человека и от того, что делает Бог именно сейчас.

В конце книги Иова ждет и упрек, и воздаяние. Встреча с Богом повергает его на колени, но Бог больше гневается на его друзей, незадачливых проповедников (за исключением загадочного Елиуя, который, видимо, был ближе других к Божьей истине). Все утраченное возмещается Иову в двойной мере, кроме детей, чье количество остается прежним (возможно, потому, что его дети воскресли в вечной жизни — в таком случае, общее число детей также удвоилось). Жизнь Иова после испытаний — наглядная иллюстрация к словам Павла о том, что наши временные страдания — ничто по сравнению с вечной славой (2 Кор. 4:17). Любые теперешние трудности померкнут рядом с благословениями, которые мы получим в итоге, даже если сейчас мы не понимаем, почему мы вынуждены так сильно страдать. За фасадом нашей жизни разыгрывается божественная драма, и Бог непременно прославится в ней. Однажды, оглядываясь назад, мы будем рады, что сыграли роль в этой драме, — и благословлены вдвойне.

### ВОПРОСЫ ДЛЯ РАЗМЫШЛЕНИЯ

Какие обстоятельства побуждают вас усомниться в Божьей благости? Почему наше поклонение не должно зависеть от обстоятельств? Почему нельзя применять стандартные библейские объяснения к трудностям в нашей собственной жизни или жизни других людей?

## ДЕНЬ 27

# ПСАЛМЫ 1-40

До этого момента в Писании мы видели, что Бог создал мир и человеческую расу по Своему подобию, чтобы развивать отношения. Мы также видели, как люди разорвали союз, стали бунтовщиками и странниками, но Бог продолжил искать дорогу к их сердцу, избрав вначале одного человека, затем его род и целый народ. Мы видели, как Бог жаждал присутствовать среди Своего народа, который также искал Божьего присутствия, особенно в нужде. Мы узнали, что Царю предстоит прийти и утвердить Царство, овладеть землей и победить заполонившее ее зло. Если коротко, мы видели, как в сокрушенном творении начинается длительный процесс восстановления.

Псалмы очевиднее всего демонстрируют сложность и драматичность этого процесса. Эти стихи и песни — книга поклонения древнего Израиля — отражают весь спектр человеческих эмоций, изливающихся из кровоточащих сердец авторов. В них боль разрушенного прошлого и обещание наполненного будущего, мольбы о помощи невидимого Бога во время реальных, вполне видимых кризисов, ковка и закалка веры, горячая радость познания Бога, исполняющего мечты и меняющего судьбы. Мы можем заметить, что наша современная жизнь также отражается в еврейских псалмах — предельно честном излиянии сердца перед Богом, способным справиться с чем угодно.

Сто пятьдесят псалмов еврейской Псалтири разделены на пять «книг», главы которых не объединены тематикой, авторами или другими критериями. Первая книга включает псалмы 1–40; многие из них соотносятся с определенными событиями в Писании. Большую их часть написал Давид, хотя и не все. Они отображают величайшие деяния Бога, например, сотворение мира или исход, а также сильнейшие слабости человечества — беззащитность и потребность в спасении. Псалмы, начинающиеся с кризиса, почти всегда заканчиваются прославлением; это путеводитель, как добраться из точки А в точку Б в нашей духовной и эмоциональной жизни, в наших обстоятельствах. Мы молим, верим и доверяем, Бог вмешивается, и мы славим Его за доброту. Такова последовательность мольбы псалмопевца, будь то древнеизраильский автор или псалмопевец наших собственных сердец. Мы ощущаем родство с псалмами, потому что в них точно зафиксирован человеческий опыт. Бог дал их нам как часть Писания, потому что они проникнуты Его присутствием и Его ответами.

В первой части наиболее известен «пастырский псалом» (22-й) царя Давида. Но есть тут и немало других хорошо известных произведений: пророчество о Мессии и Его влиянии на все нации (Псалом 2); псалом сотворения и празднования тайны нашего существования (Псалом 8); песнь избавления — отклик на события Исхода (Псалом 17). Также плач покинутого, который будут цитировать в связи с распятием Мессии на кресте (Псалом 21); псалом Давида, в котором он стремится к Богу и выражает уверенность в Его спасении и благости уже в этой жизни (Псалом 26). Псалом преданности Давида храму, который построит следующее поколение (Псалом 29); ликование о возможности увидеть и ощутить Божью благость (Псалом 33); псалом о земной жизни, когда мы можем наблюдать, как по Божьей верности исполняются желания (Псалом 36). Отчаянные просьбы чередуются с терпеливым ожиданием, горечью, радостью, признанием и прощением. Псалмы исполнены благодарности за победу над врагами и избавление от неприятностей.

Миллионы людей нашли в них источник ободрения, ведь где еще в нескольких коротких стихах можно увидеть столько непоколебимой надежды вопреки непреодолимым проблемам? Выраженный в поэтической форме опыт откликается в нас, потому что нам тоже необходимы гарантии абсолютной надежды во время собственных кризисов. Нам нужно ободряющее вмешательство Бога, Который дает силу и цель. Слова псалмопевцев, испытавших Божье присутствие так близко, как нам всем бы этого хотелось, — один из лучших способов укрепить веру.

#### ВОПРОСЫ ДЛЯ РАЗМЫШЛЕНИЯ

Что говорят нам псалмы о путях сближения с Богом? Как вы думаете, почему Бог вдохновил псалмопевцев на написание текстов с таким широким спектром человеческих эмоций?

### ДЕНЬ 28

# ПСАЛМЫ 41-71

Спустя столетия после написания псалмов, ученики попросили Иисуса научить их молиться. Он дал им пример, известный, как молитва «Отче наш», но и в другое время Он иногда молился при них. Неудивительно, что в молитвах Иисуса были цитаты из псалмов.

Многие псалмы содержат «горизонтальные» размышления — диалоги людей о Боге, но есть в них и «вертикальное» обращение людей к Богу. Это вдохновленные Духом примеры молитвы, плачей, песен прославления и ходатайств, которые в Израиле служили книгой гимнов и размышлений. Это язык молитвы Божьего народа.

По этой причине многие люди использовали псалмы, близкие к их жизненной ситуации или созвучные их мыслям, как отправную точку бесед с Богом. Применение Божьего слова в молитве вселяет в молящегося надежду, ведь некогда оно излилось из водимого Духом сердца, и Бог включил его в Свое откровение. Что-то внутри нас откликается на чувства Давида, жаждущего Бога, как лань желает воды (Псалом 41), на его печаль, пусть даже неразумную в свете божественной надежды, и мы можем повторить его слова как собственные. Мы можем повторить в беседе с Творцом слова из Псалма 45, что Бог — наше прибежище и сила, и услышать в ответ Его повеление остановиться и познать, что Он — Бог. Когда мы подозреваем, что поступили плохо и не заслуживаем прощения, мы можем обратиться в молитве к исповеди Давида из Псалма 50 и увидеть, что Божьей милости хватило даже для человека, виновного в блудодеянии и убийстве. В Книге псалмов мы можем найти слова для молитвы, которые не сумели подобрать сами.

Псалмы — это также укор «приглаженной» молитвенной жизни людей, которые хотят произвести на Бога впечатление своей святостью и одухотворенными речами. Слова псалмопевцев отражают внутреннее смятение и оголенные людские нервы. Они демонстрируют, что нет смысла ничего скрывать от Бога хотя бы потому, что это невозможно. Мы служим Богу,

Который видит абсолютно все, и Он не примет нашу молитву во внимание, пока мы не будем совершенно честны. Мы приглашаем Бога войти в нашу жизнь, когда искренне признаемся Ему в собственных недостатках, слабостях, мечтах, желаниях и переживаниях. Он отвечает на нашу открытость, ведь мы признаём то, что Он уже знает. Мы готовы расти и меняться, когда полностью искренни, даже если наша жизнь неприглядна и сложна.

Это модель, которую дает Писание, хотя религиозные умы не раз пытались ее «подправить». Нас должно воодушевлять то, что Бог, Который продолжает отношения с нами после Эдема, Сам дает нам способ достучаться до Него. Если мы будем предельно искренни и действительно принесем пред Его лицо все, что мы натворили, мы обязательно испытаем Его участие. Он не оставит нас в замешательстве и не устанет приближать нас к Себе, и мы будем возрастать в Его подобие. Его устраивает любая отправная точка. Он уже заплатил огромную цену, чтобы сделать возможным наше сближение.

Чтобы общаться с Богом в Духе и истине, полезно проникнуться Его «литературным стилем». Он состоит из слов, образов, метафор, слез, вздохов и эмоций Книги псалмов. Бог идет нам навстречу в моменты нашего стремления к Нему, нужды или хвалы. Когда мы ищем Его на этих условиях, Он проявляется в наших обстоятельствах и в наших сердцах.

### ВОПРОСЫ ДЛЯ РАЗМЫШЛЕНИЯ

Насколько вы честны с Богом в своих молитвах? Каким образом Книга псалмов помогает молиться, когда мы не знаем, что сказать Богу?

ДЕНЬ 29

# ПСАЛМЫ 72-88

Некоторым христианам кажется недуховным грустить, расстраиваться и разочаровываться. В этом есть доля истины, ведь иногда такие переживания объясняются тем, что мы поверили лжи и позволили ослабеть вере и надежде. Но иногда эти чувства возникают просто потому, что мы живем в падшем мире. Бывает, что мечты разбиваются. Мы сгибаемся под весом обстоятельств. Жизнь ранит нас. В такое время улыбка часто говорит не о надежде и мире от Святого Духа, а лишь о неискренних попытках выглядеть «духовно».

В псалмах есть множество примеров жалобных песен, или плачей, — искусства, утраченного современным поколением. В 72-м Псалме Асафа тревожит процветание злых людей и страдания праведников; он спрашивает Бога об этой загадке и в Его присутствии получает ответ с позиции вечности. В Псалме 73 он спрашивает Бога, не отверг ли Он Свой народ навсегда, и умоляет Его защитить Израиль. В Псалме 78 он скорбит о разрушении Иерусалима и о том, что Бог его оставил, умоляет о прощении грехов народа, защите от врагов. Среди этих песен плача есть и псалмы прославления и великой радости: например, Псалом 77 вспоминает всю историю отношений Израиля с Богом, а Псалом 83 — один из самых красноречивых примеров поклонения в Писании. Плач в Писании всегда имеет оборотную сторону — надежду; печаль Божьего народа всегда временна. Тем не менее, боль бывает реальной, проблемы — огромными, а Бог кажется иногда далеким.

Псалмопевцы скорбят о своем плачевном положении, и Бог скорбит с ними вместе.

Не многие умеют скорбеть правильно. Мы либо прячем свою боль за поверхностным позитивным мышлением, либо позволяем своим стенаниям опуститься до нытья, ропота и отчаяния. Но все это — не лучшие способы. Важно признать, что жизнь в падшем мире причиняет боль; не все складывается так, как хотелось бы, и страдания, увы, неизбежны. Нельзя обвинять в своих страданиях Бога, но, с другой стороны, не стоит и приписывать все дьяволу, хотя тот, безусловно, несет ответственность за многие беды. Нужно понять, что человечество пошло неверным путем и что это привело к определенным последствиям, которые останутся с нами, пока Бог все не исправит. Да, уже сейчас Он кое-что исправляет — не стоит думать, что все хорошее будет лишь на Небесах. Однако окончательно Царство еще не установлено. Оно уже здесь, но еще не полностью. И важно честно признавать сложности жизни на стыке двух взаимоисключающих реальностей.

В грандиозном масштабе Божьего плана скорбь мгновенна, а надежда вечна. Для Бога не бывает слишком больших кризисов, неисправимых поломок, безутешных печалей. В Послании к римлянам (5:3–5) апостол Павел призывает нас радоваться страданиям, зная, что мы находимся на пути к вечной славе. Эти чувства разделяют Иаков и Петр, и, судя по всему, они естественны для последователей Христа. Почему Писание поощряет плач, а не запрещает его? Потому что на фоне наших печалей мы особенно ценим Божью надежду. Тоска падшего творения оттеняет огромные Божьи милости. За них нам стоит держаться.

Печали — это остановки на пути, но не место нашего назначения. Писание всегда избавляет нас от печалей, иногда не сразу, но наверняка. Наша надежда не постыжает. Бог дает новые силы ослабевшим. Мы призваны верить, а Призвавший нас выполнит Свои обещания.

### ВОПРОСЫ ДЛЯ РАЗМЫШЛЕНИЯ

Когда плач приносит пользу в духовной жизни, а когда затмевает собой Божью надежду? Как правильно горевать, не скатываясь в пессимизм?

## ДЕНЬ 30

# ПСАЛМЫ 89-105

В Книге псалмов много жалобных песен, но еще больше хвалы — песен благодарности, изумления и торжества о Боге и Его деяниях. Псалом 99 наиболее известен среди них своей простотой и лаконичностью. Как и в других псалмах хвалы, в нем описаны исполненные благодарности и поклонения отношения, которые могут показаться далекими от повседневной жизни большинства христиан. Мы не восклицаем Господу от радости и не входим в Его врата с благодарением. Почему же это указание чаще других повторяется в Писании? Потому что Он достоин возгласов радости и глубокой благодарности, а мы созданы наслаждаться Им таким образом.

Четвертая часть Книги псалмов содержит несколько других известных произведений, в том числе молитву Моисея — Псалом 89, возможно, самый старый в Писании; Псалом 90 — «псалом защиты», к которому часто обращаются солдаты и люди, находящиеся в опасности. Псалом 102 — ода, в которой Давид благословляет Бога за все Его благодеяния, щедрость, доброту и милость; Псалом 104 — один из нескольких, где история Израиля предстает как убедительное свидетельство о Боге. Каждый из этих псалмов — отличный пример хвалы и благодарности.

Почему же этих настроений недостает в нашей жизни? Возможно, потому что мы смотрим на жизнь сквозь искривленные линзы. Испытания и невзгоды серьезно меняют наше мышление; ведь, как правило, мы сосредоточиваемся на своих насущных потребностях, а не на уже решенных проблемах. Такова человеческая природа, далекая от объективности. Давняя притча о наполовину пустом или полном стакане хороша для различения оптимистов и пессимистов, но даже когда наш стакан полон на 95 процентов, мы склонны зацикливаться на пяти процентах. Мы акцентируем внимание на недостатках и позволяем им разрастаться до огромных размеров. Бог же зовет нас назад к истине — к достоверной картине Его величия, славы и действия в нас. Если хорошенько подумать, становится очевидным, что Его благословения намного перевешивают наши трудности и что Он больше любых наших обстоятельств. Псалмы хвалы призывают именно к этому: хорошенько подумать.

Когда мы поклоняемся, несмотря на проблемы и боль, когда благодарим, пусть даже толком не понимая, чего Бог добивается нашими испытаниями, с нами происходит нечто особенное. Это позволяет нам чудесным образом подняться над нашими обстоятельствами и связанными с ними душевными терзаниями. Бог посещает нас в нашей хвале, порой незаметно, а иногда почти осязаемо. Это не просто психологическая поддержка (хотя и она тоже); это сдвиг в духовной атмосфере нашей жизни. Внимательный взгляд обнаружит в каждом псалме, который начинается с кризиса и заканчивается победой, некий переломный момент. Мы переходим от отчаяния к торжеству победы, хотя битва еще не завершена.

Славословие и благодарность меняют наше внутреннее состояние и оживляют нашу веру.

Вот почему нужно бдительно следить за своими мыслями и наполнять их Божьей славой и благостью. Ослабевший ум нуждается в насыщении истиной, а лучший способ это сделать — поклоняться Богу с признательностью и хвалой. Очень полезно молиться словами псалмопевцев, ведь тогда мы придем к тем же выводам, что и они: Бог на престоле, Он принимает глубочайшее участие в жизни Своего народа и, несмотря на все взлеты и падения, наше приключение начинается и заканчивается славой.

### ВОПРОСЫ ДЛЯ РАЗМЫШЛЕНИЯ

Что происходит в нас, если мы поклоняемся вопреки внутренним противоречиям или жестокой боли? Почему радость, благодарность и хвала уместны в любой ситуации?

## ДЕНЬ 31

# ПСАЛМЫ 106-150

За лиричностью и поэтичностью псалмов сокрыта нить пророчеств о Мессии. Мы уже видели некоторые из них в псалмах 2 и 21; 109-й же Псалом содержит стих, который чаще всех других цитируется в Новом Завете: «Сказал Господь Господу моему: "Воссядь одесную Меня, доколе положу врагов

Твоих в подножие ног Твоих"» (109:1). Очевидно, существует некая абсолютная и решительная победа, которую Божий народ одержит над Его врагами до возвращения Сына, пока Он сидит одесную Отца. Иисус цитирует этот стих как доказательство Своих полномочий, и авторы Нового Завета часто подхватывают эту тему. В псалмах есть и другие пророческие стихи: Мессия — священник по линии Мелхиседека (Пс. 109:4), камень, отвергнутый строителями, что сделался главою угла (Пс. 117:22). К пророчествам относится и обещание воцарить потомка Давида (Пс. 131:11). В ста пятидесяти главах библейской книги поклонения немало других примечательных песен и стихов, но главное в этом проникновенном молитвенном сборнике — тоска по Искупителю. В этой секции есть и другие виды псалмов, в том числе самая длинная глава Библии, Псалом 118 — обстоятельное размышление о достоинствах Слова Божьего. Здесь также содержится коллекция «песней восхождения» (Пс. 119 — 133), которые, скорее всего, исполнялись паломниками на пути в Иерусалим, куда они шли поклониться в храме или поучаствовать в праздниках. Псалом 144, наряду с несколькими другими отрывками Писания, трижды в день декламируется ортодоксальными евреями. Наконец, Псалом 150 достойно завершает эту книгу — на высочайшей ноте хвалы.

Псалтирь касается каждой сферы нашей обыденной жизни, но в то же время указывает на нечто большее. Она пробуждает в нас жажду полной и окончательной победы над грехом, смертью и врагами Божьего Царства. Она напоминает о качествах Божьего характера и о Его делах, свидетельствующих о Нем. Псалмопевцы и их читатели знают: пока не исполнятся мессианские ожидания, нам предстоит жить в падшем мире. Спаситель и сейчас приходит нам на помощь в минуты нужды, мы и сейчас уже Ему поклоняемся, но полное единение с Ним мы сможем испытать лишь в конце времен.

Об этом времени говорится в Псалме 15 (ст. 11): «Ты укажешь мне путь жизни. Полнота радостей — пред лицом Твоим, блаженство — в деснице Твоей вовек». Все творчество Давида демонстрирует его жажду Божьего присутствия и поиск Божьей красоты (Пс. 26:4), хотя храм, который он упоминает, еще даже не построен. Сыны Кореевы заявляют, что один день в Божьих дворах лучше тысячи дней в любом другом месте (Пс. 83:11). Тоска по Богу пропитывает последнюю часть Псалтыри и еврейских Писаний и, в значительной степени, продолжается после первого прихода Мессии. Она ощущается даже в конце Откровения, когда Божий народ взывает к Иисусу: «Гряди!» С первых страниц истории Бог побуждает нас жить ожиданием будущего восстановления. В псалмах — радость частичного возрождения и мольба о полном. Пророческий импульс Писания вселяет уверенность, что наши стремления будут удовлетворены.

### ВОПРОСЫ ДЛЯ РАЗМЫШЛЕНИЯ

В каком смысле мессианские пророчества Книги псалмов отвечают на нужды и желания, выраженные в каждом псалме?

ДЕНЬ 32

# КНИГА ПРИТЧ СОЛОМОНОВЫХ

В начале правления Соломона Бог позволил царю просить у Него что угодно. Соломон предусмотрительно попросил мудрости, и Бог вместе с ней дал и многое другое. Третья книга царств и Вторая Паралипоменон рассказывают, чем Божий ответ обернулся в жизни царя: широчайшей известностью благодаря его мудрости, богатству, строительным проектам, большому гарему и пышности его царства. Царя, чье имя означает «мир», мир и в самом деле окружал со всех сторон. Но Соломон не смог остаться верным собственной мудрости и пренебрег несколькими Божьими заповедями из Закона; его увлекли не только соблазны иноплеменных жен, но и их боги, в конце жизни он испытал разочарование и тщетность всех достижений. Биография Соломона — парадокс: мудрейший царь совершает ужасающе неразумные поступки и доживает дни в сожалениях.

Тем не менее, в расцвете сил, на пике мудрости и благочестия, он написал тысячи притч и песен. Многие из них сохранились в Книге притч, в которую также включены мудрые изречения из некоторых других источников. Ее ключевые темы: мудрость лучше любых сокровищ мира; начало мудрости и знаний — страх Господен; есть пути, ведущие к жизни, и другие, что приводят к смерти; те, кто следует путями жизни, никогда не пожалеют, а остальные — недальновидные глупцы. Притчи освещают много тем: отношения между людьми, богатство, ценность упорного труда, важность сексуальной чистоты и ключевые человеческие добродетели — верность, терпение, настойчивость, честность и принципиальность. Они призывают слушать мудрых советов, доверять Господу, а не собственным умозаключениям, и понимать, что Божий мир стоит на мудрости, принципы которой нельзя преступить, не навредив себе. Притчи открывают нам принципы мироздания и описывают жизнь такой, какой она была задумана.

Что же нам делать с этими советами? Воспринимать как заповеди, обязательные для исполнения? Или как раз и навсегда данные обещания? Или это просто отеческие советы много повидавшего человека, который понял пути мира? Не стоит подчиняться притчам, как букве закона. Бог хочет, чтобы мы полагались на Него, а не на общие принципы. Вместо того чтобы просто следовать указаниям, мы должны научиться слышать Его голос, который, многим на удивление, не всегда произносит одну и ту же истину в схожих ситуациях. Это ясно видно в притчах, которые говорят, к примеру, что, если наши пути угодны Богу, даже враги будут жить с нами в мире (Пр. 16:7), хоть это было не так в жизни Иосифа, Моисея, Давида, любого из пророков, учеников и даже Самого Иисуса, у Которого хватало врагов, не намеренных с Ним мириться.

Как относиться к обещаниям из Писания, когда жизнь их опровергает? Как согласовать Пр. 16:7 со словами из 2 Тим. 3:12: «Все, желающие жить благочестиво во Христе Иисусе, будут гонимы»? Как реагировать на призыв в Пр. 6:6–8 откладывать на будущее, если истина в Мф. 6:19 учит не делать этого? Из Пр. 22:4 мы узнаем, что истинное смирение приводит к богатству, чести и долгой жизни — как в свете этого воспринимать мученическую смерть Стефана или Иакова? Эти парадоксы вызывают смятение у маловерных и у людей, которым нужна жесткая, линейная логика; но при правильном понимании они обогащают наши отношения с Богом. Притчи — это общие советы для жизни, которые становятся обещаниями лишь тогда, когда Дух Божий в определенные моменты проливает свет на конкретные стихи, лично адресуя их вам.

Очень важно, что понять притчи можно только в контексте подлинной, живой беседы с Богом и отношений с Ним. Он не позволит нам цепляться за те или иные стихи мертвой хваткой и применять их направо и налево, как это делали друзья Иова. Божья истина и Его личность, безусловно, неизменны, но Его методы и средства зависят от особенностей нашего характера и обстоятельств. Как любой хороший родитель, Бог индивидуально оценивает особенности, этап развития, сильные и слабые стороны, срочные и долгосрочные потребности каждого Своего ребенка. Его Слово заключает в себе разнообразие откровений истины, применение которых зависит от конкретной ситуации и периода жизни. Если обсуждать притчи с Богом, Он применит их в нашей жизни правильным образом в нужное время. Такова суть мудрости.

### ВОПРОСЫ ДЛЯ РАЗМЫШЛЕНИЯ

В чем опасность восприятия притч как жестких, неизменных принципов, непреложных в любой ситуации? Могут ли они (и любые другие фрагменты Писания) заменить наши отношения с Богом? Как правильно использовать их в своей жизни?

## ДЕНЬ 33

# КНИГА ЕККЛЕСИАСТА

Библия — это книга надежды. За исключением Книги Екклесиаста. Этот контраст многих заставляет задуматься, почему размышления Соломона стали частью Писания. В конце концов, остальная часть Библии созидает жизнь, вовлекает нас в вечные отношения с Богом, сулит благословения тем, кто всем сердцем следует за Ним. Екклесиаст же утверждает, что жизнь коротка, бессмысленна и сулит лишь разочарование.

Но и в этом проявляется красота Божьего откровения для нас. Оно очень рельефно и весьма неожиданно для тех, кто предпочитает жить в черно-белом мире. Библия — честное откровение. Правда в том, что и вечная надежда, и временное отчаяние — часть человеческого опыта. Жизнь «под солнцем», как называет ее Екклесиаст, на самом деле бессмысленна, бесполезна и ведет лишь к разочарованиям. С точки зрения обывателя, жизнь в ее конечности не обещает нам ничего прочного и действительно значимого, особенно когда мы полагаемся на различные миражи, лишь кажущиеся реальными. Но в свете остального Божьего откровения можно осмыслить что угодно, даже наши, казалось бы, «бессмысленные» труды и испытания. Екклесиаст показывает жизнь без перспективы вечности. Получившаяся картина не радует.

Если кто-то и имел основания для всех этих выводов, то это Соломон. В мире не было человека богаче его, и он знал, что говорил, утверждая, что деньги не приносят удовлетворения. У Соломона было больше женщин, чем может мечтать любой гедонист, поэтому он знал, что и в физическом удовлетворении тоже нет смысла. У него была безусловная власть в собственном царстве и влияние на другие, так что он не понаслышке знал, что ключ к счастью не в могуществе. Его слава достигла других народов, но и это не принесло ему удовлетворения. Соломон ревностно искал знаний и мудрости, но даже они не утолили его тоску. Человек, у которого не было недостатка в золоте, понял, что все блестящее в этом мире, в конечном счете, бессмысленно. Ни опыт, ни удовольствия, ни достижения не принесли ожидаемой полноты жизни. Само по себе все это дало ему лишь острое ощущение пустоты.

Возможно, Бог дал Соломону столь многое и показал тщетность всего этого, чтобы он сообщил об этом своим читателям. Его разочарование побуждает нас искать истинный и вечный смысл существования за пределами «жизни под солнцем». Иными словами, разочарование подталкивает нас к поиску Спасителя. В этом смысле Екклесиаст — одна из мощнейших книг Библии. Уныние автора ведет нас к чему-то более важному.

В этом экзистенциальном путешествии Екклесиаст открывает нам проблески истинной мудрости и надежды. Книга говорит о разных периодах жизни, о том, что для всего под небом есть свое время, и эта концепция побуждает не ждать идеального момента, в котором можно было бы остаться навечно. Мы не почувствуем себя неудачниками в сложные времена, если будем знать, что Бог определил время для плодов и неурожая, для счастья и грусти, для разрушения и созидания. Екклесиаст (что означает «проповедник») уверяет, что Бог все делает прекрасным в свое время и вкладывает мир в наши сердца (Еккл. 3:11). Наряду с тщетой и разочарованиями, есть также надежда, вечность и смысл — даже в книге об утраченных надеждах. Мы не должны откладывать свои мечты и желания на далекое будущее «когда-нибудь на небесах». Давид утверждает, что мы увидим Божью благость еще на земле живых

(Пс. 26:13), и другие места Писания это поддерживают. Однако сколько бы добра мы ни увидели, мы всегда будем желать большего, подобно Соломону. И даже Книга Екклесиаста, пожалуй, самые темные страницы Писания, оставляет нам надежду на обретение этого большего.

ВОПРОСЫ ДЛЯ РАЗМЫШЛЕНИЯ

Каким образом Книга Екклесиаста указывает на Иисуса? Как эта книга отражает некоторые современные философские течения и подходы к жизни?

ДЕНЬ 34

# КНИГА ПЕСНЬ ПЕСНЕЙ

Многие моменты в Песни песней заставляют нас краснеть. Возможно, мы уже не так сильно краснеем, как евреи и христиане прежних времен, ведь повсеместная пропаганда секса в современном обществе понизила нашу чувствительность. Но даже и нас не может не поразить эротическая поэма на страницах Библии. Причем секс к нашим духовным устремлениям? Тем не менее, Божье откровение не стыдится вопросов человеческой сексуальности, особенно в контексте брака. Более того, в этом контексте Писание воспевает сексуальность. В отличие от средневековой философии, где бытовало мнение, что все духовное — хорошо, а плотское — плохо, древнееврейский способ мышления опирается на Божий замысел творения. Один из самых прекрасных его аспектов — человеческая сексуальность.

Итак, эта Песнь — вероятно, она принадлежит Соломону, хотя могла быть написана о нем или в его честь, — смелое проникновение в супружеские отношения. По всей видимости, пара, о которой здесь идет речь, недавно вступила в брак или стоит на пороге брачного союза; некоторые отрывки поэмы отсылают назад, ко времени перед свадьбой. Здесь воспеваются чувственность и физическая красота, а также передаются шутливые диалоги молодых влюбленных. На страницах этой книги мы видим предвкушение счастья, верных друзей, готовых поддержать молодую пару, тоску разлуки и красочные проявления любви. Два ее самых известных отрывка указывают на всепоглощающую, даже опьяняющую силу безудержной, страстной любви. И такая любовь одобряется Богом.

> *«Он ввел меня в дом пира, и знамя его надо мною — любовь»* (Песн. 2:4).
>
> *«Положи меня, как печать, на сердце твое, как перстень, на руку твою: ибо крепка, как смерть, любовь; люта, как преисподняя, ревность; стрелы ее — стрелы огненные; она — пламя весьма сильное. Большие воды не могут потушить любви, и реки не зальют ее. Если бы кто давал все богатство дома своего за любовь, то он был бы отвергнут с презрением»* (Песн. 8:6–7).

Страсть в Песне песней настолько сильна, что многие иудеи и христиане веками интерпретировали ее как аллегорию Божьей любви. Некоторые чересчур детализировали свои идеи, выжимая из каждого слова или стиха образ отношений между Богом и человеком. Это едва ли правильно, но в общем смысле такое толкование правомерно. И пророк Иеремия

(2:2), и раввинистическая традиция рассматривали встречу Бога с Израилем на горе Синай как брачную церемонию, а неверность Израиля — как прелюбодеяние. Бог вдохновил Осию показать людям Его верность на примере отношений преданного мужа с неверной женой; Павел использовал метафору брака для описания Христа и Церкви; Откровение заканчивается свадьбой. Поэтому у нас есть все основания считать Песнь песней изображением Божьей любви к Своему народу. Не нужно воспринимать эту книгу только метафорично — в первую очередь, это все же ода сексуальности в браке. Однако язык Песни и ее место в божественной истории допускают возможность более широкого толкования. Люди умеют любить столь страстно, потому что так любит Бог. Сотворенные по Его подобию унаследовали эту черту. Любовь такой поразительной глубины исходит свыше, из Божьего сердца.

Здесь кроется важнейший смысл для тех, кто принадлежит Богу. Мы не просто Его рабы, овцы Его паствы или созданные горшечником глиняные сосуды. Бог желает гораздо большей интимности. Его страстная любовь к людям лежит в основе сотворения и искупления; о ней свидетельствует огромная цена, которую Бог заплатил за восстановление утраченного в Эдеме союза. Его бездонное сердце вмещает безграничную любовь — неослабевающую, неустанную, неутолимую, которая ни перед чем не останавливается, пока не завоюет своего избранника. Бог неотступно следует за нами, пока мы не поместим Его, как печать, на свои сердца. И тогда наши с Ним отношения станут глубже, ближе, несоизмеримо счастливей.

### ВОПРОСЫ ДЛЯ РАЗМЫШЛЕНИЯ

Что Песнь песней ода интимным отношениям в браке — открывает нам о Боге и Его характере? Будучи аллегорией наших отношений с Богом, что эта книга говорит нам о Нем?

ДЕНЬ 35

# КНИГА ПРОРОКА ИСАИИ, 1-39

Бог говорит. Казалось бы, удивляться нечему, ведь само существование Библии должно убедить в этом христиан, но многие из них до сих пор сомневаются, что в конкретных ситуациях Он обращается к определенным людям. Однако голоса библейских пророков свидетельствуют о желании Бога явить Себя Своему народу. Он создал нас для отношений, невозможных без активного, непрерывного общения. Отец говорит тогда, когда людям нужно услышать Его голос.

Книга пророка Исаии — не только первое пророческое произведение в христианском каноне, но и признанный эталон этого литературного жанра. Это масштабное произведение охватывает не только современный ему исторический период, но и огромный период существования Израиля как нации и отдаленное будущее Божьего Царства. В Новом Завете книгу Исаии цитируют больше любых других ветхозаветных пророков. В некотором смысле ее можно назвать Библией в Библии. Даже структура книги отражает Писание: тридцать девять глав суда и пророчеств посвящены Израилю, его роли в Божьем плане, историческому и политическому контексту жизни Божьего народа и соответствуют тридцати девяти книгам Ветхого Завета. Двадцать семь глав содержат мессианские предзнаменования, предсказания спасения, описание нового неба и новой земли и соотносятся с двадцатью семью книгами

Нового Завета. Здесь можно найти пророчество практически по каждой теме полного Божьего откровения.

Многие пророчества Исаии имеют двойной смысл: они касаются ближайшего будущего первоначальной аудитории пророка и в то же время указывают на картину куда большего масштаба. Временами речь пророка касается текущих событий, а иногда, часто в том же абзаце, выходит за рамки исторического периода или даже за пределы пространства и времени. Например, в седьмой главе, посвященной Ассирии и Египту, двум державам, между которыми неуютно втиснулись Израиль и Иудея, пророк говорит, что родится Дитя. Дева (или молодая женщина) зачнет, и до того как возраст позволит мальчику различать добро и зло, ассирийская угроза утратит силу. На первый взгляд, пророчество адресовано Иудее того времени, а не провинции под римской оккупацией спустя семь столетий. Тем не менее, речь здесь идет о Ребенке по имени Эммануил, «Бог с нами» — так авторы Нового Завета назовут Иисуса. В Ис. 9:6 говорится, что Дитя назовут великим Богом и Отцом вечности — ни одному ребенку времен автора не подходят эти дефиниции. Множество богословов горячо дискутируют, какие пророчества Исаии имеют непосредственное, а какие — долгосрочное значение, но такова природа Божьего Слова. У слов Бога часто есть несколько применений, временами они доносят Его цели сквозь тысячелетия. О ком говорит Исаия в четырнадцатой главе — о вавилонском царе или о некогда прекрасном архангеле, позавидовавшем Богу? Правильный ответ — об обоих. Молодая женщина из седьмой главы — жена пророка или дева, жившая в Галилее сотни лет спустя? Ясно одно, Божье слово не просто не возвращается к Нему бесплодным — прежде чем вернуться, оно исполняется несколько раз, как посеянное и политое семя (Ис. 55:10–11). Истинные пророчества приносят обильный урожай.

Это же относится к призванию Исаии. В шестой главе он отправился поклониться в храм и встретил Бога, превознесенного выше всех. Исаия был поражен собственной греховностью, но получил очищение, а вместе с ним и задание обличить людей, которые его не услышат. Эти же слова Иисус применил к Себе, говоря, что мятежники не могут услышать Его проповедь (Мф. 13:14–15). Пророчество исполнилось во времена Исаии и еще раз — во время Иисуса. Сильный образ Израиля как Божьего виноградника в пятой главе означает Божий народ на протяжении всей истории; его же использует Иисус, когда называет Себя истинным Израилем (т. е. истинной «виноградной лозой», Ин. 15:1). Даже эти, подчас сложные для понимания, главы содержат пророчества о настоящем и будущем.

Таким же образом Божье Слово звучит и в нашей жизни. По мере взросления и возмужания в Его Царстве, мы учимся применять Божьи обещания в текущих ситуациях, а также находить им глобальное, более значимое применение. Сейчас мы предчувствуем славу, всю мощь которой испытаем позже. Уже сейчас мы видим семена Царства в своей жизни и ожидаем более полного познания в будущем. Почему? Потому что Бог обращается к Своему народу и Его слова никогда не теряют актуальности. Они раскрывают свое значение в нужный момент, подобно плодам.

### ВОПРОСЫ ДЛЯ РАЗМЫШЛЕНИЯ

Каким образом Книга пророка Исаии отображает Библию в целом? Почему ее так часто цитируют в Новом Завете?

ДЕНЬ 36

# КНИГА ПРОРОКА ИСАИИ, 40-59

В первых тридцати девяти главах Книги Исаии упоминаются и небольшие победы, наличествуют и ободряющие моменты, но по большей части в них мало приятного для Божьего народа. Однако сороковая глава начинается вестью об утешении. Эта весьма неожиданная перемена отразилась не только на содержании и настроении — изменился стиль и описываемый период времени, поэтому многие считают этот отрывок книги более поздним дополнением другого автора. Он касается окончания суда, завершения плена Иуды, возможности для евреев вернуться на родину и восстановить ее. Они смогут выйти из плена с миром и радостью; горы и холмы разразятся песней. Пророк пишет, что приближается время празднования.

Однако некоторые темы этой части пророчества Исаии объединяют ее с предыдущими главами. Бог снова и снова подчеркивает, что лишь Он — единственный истинный Бог. Он один достоин поклонения и по-прежнему призывает Свой народ к общению от сердца к сердцу. Только Он управляет путями народов, царей и простых людей. Он один видит будущее и знает окончание любого события изначально. И с этой позиции — над всеми земными властями, человеческими помыслами и судьбами — Он заверяет Свой народ в том, что Его планы благи и обещают будущность и надежду. Ожидаемое Царство щедро компенсирует трудности в настоящем.

Во исполнение Божьего обещания уже идут освободители. Кир Персидский получил Божье помазание освободить пленников Вавилона. Роль Израиля в том, чтобы служить Божьим рупором спасения для народов, «страдающим рабом» с уникальной искупительной миссией. Этому рабу посвящены, по меньшей мере, четыре отрывка Книги Исаии, но это не только Израиль. Хотя в Ис. 49:3 страдающим рабом называется именно Израиль, двумя стихами ниже говорится уже о служении раба для восстановления Израиля. Как и в других пророчествах, здесь есть несколько уровней и применений — слова для всего народа перемежаются посланиями к отдельным личностям; сообщения, которые явно относятся к настоящему времени, переплетаются с речами об отдаленном будущем. Описание Раба в пятьдесят третьей главе невозможно не связать с распятым Мессией Нового Завета. Оно слишком точное, чтобы быть случайным.

В этой части своей книги Исаия призывает Божий народ обратиться к истокам — к верности Авраама и завету с Богом; изгнать идолов из своего сердца и обратиться к любящему Богу; обрести глубоко в душе Его истину, поститься не ради соблюдения ритуала, а из справедливости и сострадания. Тем не менее, люди не способны кардинально улучшить свое положение самостоятельно, поэтому служение Израиля не будет полным без служителя, которого пошлет Сам Бог. Грех отделил людей от Бога. Бог искал среди людей достойного ходатая и не нашел, поэтому Ему пришлось найти другой путь. Он Сам совершит спасение.

Первая часть Книги Исаии посвящена правосудию, основная тема второй части — надежда. Это песнь избавления. Бесплодная возликует, празднуя свое плодородие; широко раскинутся шатры; жаждущий сможет бесплатно напиться воды, вина или молока. Божий народ начертан на ладонях Его рук; Бог не отрекается от него, даже когда сурово наказывает.

Бог станет мужем и Искупителем Своего народа. Он оставил этот народ на время, но вернет обратно с глубоким и вечным состраданием. Его преданность Завету и Своей возлюбленной нерушима.

Вот почему в книге Исаии так много надежды. Мы нуждаемся в поддержке Бога, Который покрывает наше несовершенство и недостатки и наполняет нас надеждой. Даже в разгар тяжких событий следует помнить, что Бог уже знает, чем закончатся наши испытания, и заверяет нас, что они приведут к добру. После всех попыток спастись самостоятельно нам необходим Освободитель. Мы нуждаемся в спасении от проблем, от тщетности, даже от самих себя.

### ВОПРОСЫ ДЛЯ РАЗМЫШЛЕНИЯ

Что мы узнаем о власти Бога над историей из пророчеств Исаии о восстановлении и Мессии? Как они свидетельствуют об Иисусе? Могут ли они дать вам надежду в ваших текущих нуждах и обстоятельствах?

## ДЕНЬ 37

# КНИГА ПРОРОКА ИСАИИ, 60-66

Божий народ должен восстать и воссиять. Почему? Его свет пришел, и слава Господня взошла над ним. Хотя здесь использовано прошедшее время — свет уже «пришел», — эти слова явно относятся к будущим событиям. Тьма покроет землю, а народ Божий будет светить. Это не может касаться времени возвращения Иисуса, ведь в Его Царстве не будет тьмы. Значит, светить нужно до возвращения Господа. Другими словами, те, кто познал Его славу, призваны светить другим народам, чтобы те шли на их свет (Ис. 60:1–3).

Так начинается последняя часть Книги Исаии. В семи заключительных главах описаны картины последнего суда и образы окончательного спасения. Иисус в синагоге в Назарете иллюстрирует Свое служение цитатой из шестьдесят первой главы: «Дух Господен на Мне; ибо Он помазал Меня благовествовать нищим и послал Меня исцелять сокрушенных сердцем, проповедовать пленным освобождение, слепым — прозрение, отпустить измученных на свободу, проповедовать лето Господне благоприятное» (Лк. 4:18–19). Он прервал цитату на середине, как раз перед объявлением дня Божьего возмездия, ведь первый Его приход на землю был не для суда; это назначение Второго Пришествия. Народы увидят справедливость Бога, и праведность Сиона будет, как горящий светильник. Бог будет радоваться Своему народу, как жених радуется невесте. Слова пророка выражают страстное человеческое желание — чтобы Бог-Искупитель сошел на землю и жил со Своим народом.

Этот день близится. В каком-то смысле он уже наступил; Дух Божий уже пребывает с людьми. Но мы пока не видим новые небеса и новую землю, которые описал Исаия. Когда это случится, все прежнее забудется. Старцы, умирающие столетними, будут считаться юношами. Волки и ягнята будут лежать рядом. Любая работа будет приносить плоды. Бог будет отвечать прежде, чем Его народ позовет Его. Окупится весь изнуряющий труд, все разочарование, все тяготы богоизбранности. Все люди — по крайней мере все, кто не восстал против Него и вынес Его суд, — будут радоваться вместе с Иерусалимом, поклоняться Богу, жить в Его мире.

Нигде в еврейском Писании желание Бога приблизить к Себе все народы не выражено яснее, чем в книге пророка Исаии. Есть и другие упоминания о Его намерении распространить Свое Царство по всей земле, среди наиболее очевидных — поручение наполнить землю, которое Бог дал в Эдеме, рассеяние народов в Вавилоне, привлечение язычников к поклонению в иерусалимском храме; однако здесь Бог говорит об этом предельно четко. Он хочет, чтобы все народы, языки и культуры поклонились Ему. Бог избрал Израиль из множества народов первенцем, нацией священников, которые бы познакомили с Ним остальных. Полное восстановление, объемлющее все народы, — Божья цель для нашей планеты.

Это должно нас воодушевлять. Многие христиане так «одухотворили» евангелие, что нам сложно представить его влияние на конкретные народы и культуры во времени и пространстве. Мы воспринимаем его как обещание чего-то сверхъестественного когда-то в будущем. Но Книга Исаии и другие книги Писания приносят Царство на землю в настоящее время, открывают доступ к нему реальным людям. Время и обстоятельства его окончательного установления покрыты тайной — Библия не ставит все точки над «і». Но есть веские основания полагать, что Бог возводит Свое Царство даже сейчас, руками преданных Ему людей, которые отражают сияние Его славы в ожидании возвращения Мессии.

Отсюда следует вопрос: как мы светим? Как мы отражаем славу Бога, чей план отличается таким всеобъемлющим, вселенским масштабом? Какую роль мы играем в Его Царстве? Исаия оставил множество подсказок относительно воли Божьей для нас. Бог добивается искреннего поклонения и скорбит, когда мы предаемся менее достойной любви; Он хочет, чтобы мы несли в мир Его справедливость и сострадание и верили в исполнение Его целей для этого мира. Можно не сомневаться, Бог всегда хочет видеть, что мы равняемся на Его характер и Его Царство; не просто ждем, что когда-нибудь это Царство придет, но внедряем его в жизнь уже сегодня. Бог защищает и поддерживает тех, кто принадлежит Ему не только на словах, но и на деле. Когда мы принимаем Его миссию, как свою собственную, раскрывается Его Царство.

### ВОПРОСЫ ДЛЯ РАЗМЫШЛЕНИЯ

Какова наша роль в приходе Божьего Царства? Как мы можем «восстать» и «светить» Божьей славой в нас? Что подразумевается под «новыми небесами и новой землей» в Ис. 65:17?

ДЕНЬ 38

# КНИГА ПРОРОКА ИЕРЕМИИ, 1-29

Многие люди полагают, что полное повиновение Богу приносит лишь ощущение радости и мира. Книга пророка Иеремии опровергает это представление. Пророк делал в точности то, к чему его призвал Бог, но чувствовал то, что описано в двадцатой главе: «Господи, Ты обманул меня. Твое слово горит в моем сердце огнем. Пламя охватило мои кости! Я изнемогаю, пытаясь удержать его внутри, и не могу сделать этого! Я проклинаю день, в который родился. Вся моя жизнь наполнена бедами, печалями и стыдом» (Иер. 20:7, 9, 14, 18). Его отрезвляющая честность угодна Богу, но его переживания, тем не менее, мучительны.

Предназначение Иеремии — горевать об Иерусалиме. Почему так? Библейские пророки не просто доставляли те или иные послания от Бога, но и должны были их воплощать. Жизненная миссия Иеремии заключалась в том, чтобы олицетворить Божье сердце — горе и боль Творца из-за непокорности Его народа и грядущего опустошения. Свое призвание выразить боль Бога Иеремия получил еще до рождения, и весьма в нем преуспел.

У этой самой длинной пророческой книги не было цели привести народ к покаянию. Да, пророк предлагает раскаяться и испытать преимущества такого решения, но и Бог, и сам Иеремия знали, что люди не изменят своего поведения.

У них было слишком много других «пророков», которые передавали им ложные сообщения и заверения; духовная слепота не позволяла им увидеть свои грехи: идолопоклонство (иногда с принесением в жертву детей), несправедливость, несоблюдение субботы, насилие и бесчестие. Даже в Божьем храме они практиковали некоторые языческие обряды. Иеремия стал последним великим пророком, который проповедовал для Иудеи перед вавилонским пленом: он находился в Иерусалиме до, во время и после двух крупных осад этого города вавилонянами, и его послание столь сурово, потому что дела были совсем плохи. Иеремия не заступается за народ, ведь Бог уже сказал, что не станет слушать оправданий. Иуда — словно испорченный сосуд на гончарном круге, который гончар решил переделать. Пророчество должно было подготовить людей к суду и засвидетельствовать, что Бог пытался до них достучаться. Иудеям предстояло осознать истинность слов Иеремии лишь тогда, когда было уже слишком поздно. Но в конце концов народ осознал ее.

Иеремия прошел через тюрьму, заточение в бочке, изоляцию, эмоциональные страдания и тяжелую депрессию; его земляки, среди которых, вероятно, были его собственные братья, сговорились его убить; его сообщения сожгли, и ему пришлось полностью их переписать. Он не без причины получил прозвище плачущего пророка.

Постигшая Иерусалим трагедия не повлияла на планы Бога для Его народа — намерения во благо, а не на зло, чтобы дать будущность и надежду. Его правосудие призвано не уничтожить, а восстановить. Бог предназначил для плена только семьдесят лет, о чем впоследствии прочтет в свитке с пророчеством Иеремии другой важный пророк по имени Даниил. Тогда Бог вернет на родину многих из Своего народа.

Иеремия сообщает нам поразительный факт: выбор людей может причинить страдания Богу. Его книга, в отличие от многих богословских трудов, не стремится поставить Бога над эмоциями. В Иер. 2:2; 3:6–10 Господь проявляет Себя как муж, которому изменила любимая жена. Духовное состояние Божьего народа сравнивается с прелюбодеянием. Бог, ненавидящий развод, грозит разрывом Своему народу. Да, Он смягчается и восстанавливает отношения, но предательство и раны не становятся от этого менее реальными. Мы увидим эту же тему в книгах Иезекииля, Осии и других пророков. Богу можно разбить сердце.

В этом мы видим Его желания относительно нас. Бог хочет не просто дружбы, но близких отношений. Если мы любим других больше, чем Его, Он скорбит; соответственно, наше решение любить Его наверняка Его радует. Не все осознают, сколь ошеломительно Его приглашение к отношениям, и еще меньше людей принимают это приглашение. Но принявшие познают, как прекрасен наш Бог.

### ВОПРОСЫ ДЛЯ РАЗМЫШЛЕНИЯ

Почему миссия олицетворять Божье сердце не всегда радостна? Почему Бог не дал Иеремии более приятного задания? Изменилось ли ваше восприятие Бога, когда вы узнали, что Он может горевать и чувствовать боль? Почему (или почему нет)?

## ДЕНЬ 39

# КНИГА ПРОРОКА ИЕРЕМИИ, 30-52

Как и многие другие пророки, Иеремия воплощал перед Божьим народом многие свои предсказания. Однажды он поставил в передней части храма две корзинки, с хорошим и испорченным инжиром — хорошие фрукты представляли тех, кого Бог уже очистил изгнанием, а плохие изображали остальных жителей Иерусалима, непослушных и нераскаявшихся. В другой раз он закопал неподалеку от Евфрата льняную одежду, а затем откопал ее, показав бессилие грешников, оставивших своего Бога. Иеремия остриг себе волосы в знак отверженности и получил Божье повеление не жениться, не заводить детей и носить на шее символическое ярмо, в котором ходил по городу. Он приобрел землю возле Иерусалима, уже под оккупацией вавилонян — хотя в то же время советовал тем евреям, которые уже были в Вавилоне, строить там дома и селиться в них. Покупка земли была знаком, что пленение не вечно. Бог поручил пророку идти впереди и предвещать возвращение народа.

Об этой покупке идет речь в так называемой «книге утешений» (Иер. 30–33) — обнадеживающей части Книги Иеремии, без которой все выглядело бы и вовсе печально. Но ведь Бог остается со Своим народом, и после изгнания будет новый Исход. Его любовь вечна, Он обращает к себе людей с неизменной преданностью. Он не только вернет им землю, но и заключит с ними новый договор, и даст им новое сердце. Они узнают Его не понаслышке или через посредничество священников, а лично.

Это же сообщение содержится в Новом Завете. Оно проходит красной нитью через все еврейские Писания, прежде чем исполниться в Евангелиях и Деяниях. Бог не хочет просто изменить наше поведение или снабдить нас принципами и заповедями. Его цели простираются гораздо дальше. До этого момента мы видели в Писании лишь падшую человеческую природу, неспособную соединиться с Богом. Чтобы возродиться, необходимо одно — кардинально измениться.

Нужно, чтобы мы родились к новой жизни, чтобы Дух Божий поселился в нас. Наши попытки «жить правильно» похожи на то, как если бы кот залаял в надежде стать собакой. Это невозможно, но даже если бы это и произошло, никто бы не поверил. Истинное преображение должно произойти в наших сердцах, и оно неизбежно будет видно снаружи. В рамках нового договора, с новым сердцем, народ Божий будет любить не по обязанности, а потому что не может иначе. Людям не надо будет «изображать» Божий характер — он просто станет их характером. Новый Завет, если мы принимаем и применяем его, изменяет саму нашу суть.

Иеремия лишь упоминает об обещанном новом сердце; его современникам, к сожалению, не суждено этого дождаться. После того как завоеватели разрушили Иерусалим и опустошили храм, пророк отправился в Египет вместе с беженцами, которых предостерегал против бегства туда. Но тщательно продуманный Божий план возрождения творения продвигается вперед, пусть иногда и медленно и тяжело. Бог не отступится от его воплощения или, словами другого пророка, «ревность Господа соделает это». Бог еще до грехопадения знал, что понадобится людям, несущим Его образ: новое сердце. Тогда они станут похожими на Него, и их связь перейдет на глубокий духовный уровень. Больше не будет нужды в жестком, разрушительном правосудии. Люди и Бог станут едины.

ВОПРОС ДЛЯ РАЗМЫШЛЕНИЯ

Почему, чтобы любить Бога и следовать за Ним, нам необходимо новое сердце?

## ДЕНЬ 40

# ПЛАЧ ИЕРЕМИИ

Плачущий пророк Иеремия никогда не плакал сильнее, чем во время падения Иерусалима. Пока он пророчествовал, уже состоялось два вторжения в город, во время которых многих его жителей, включая Иезекииля и Даниила, увели в Вавилон пленниками. Но эта новая осада — хуже всего. Город лежит в руинах; от храма, обители Бога, остались одни развалины. Избранный народ кажется навеки покинутым. Все выглядит так, будто Бог отрекся от Своего плана. Мир поглотила тьма.

Разрушение Иерусалима стало ответом тем, кто полагал, что Бог никогда не подвергнет позору Свой народ и, косвенно, Собственное имя. Людям сложно поверить, что Божий гнев может зайти так далеко. «Воззри, Господи, и посмотри: кому Ты сделал так, чтобы женщины ели плод свой, младенцев, вскормленных ими? Чтобы убиваемы были в святилище Господнем священник и пророк?» (Плач, 2:20). Когда пророк бродил по городу, глядя на тлеющие развалины и детские трупы на улицах, его переполнял ужас. Для древнего мира это было эквивалентом ядерного уничтожения. Иеремии теперь предстояло жить в том, что мы сегодня могли бы назвать постапокалипсисом. Слова бессильны передать его огромную утрату.

Но даже в разгар отчаяния в горестных записях Иеремии проскальзывает важнейшая истина:

*Помысли о моем страдании и бедствии моем, о полыни и желчи.*

*Твердо помнит это душа моя и падает во мне.*

*Вот что я отвечаю сердцу моему и потому уповаю:*

*«По милости Господа мы не исчезли, ибо милосердие Его не истощилось: оно обновляется каждое утро. Велика верность Твоя!*

*Господь — часть моя, — говорит душа моя. — Итак, буду надеяться на Него».*

*Благ Господь к надеющимся на Него, к душе, ищущей Его.*

*Благо тому, кто терпеливо ожидает спасения от Господа (Плач, 3:19–26).*

В этих словах глубокое откровение о том, как мы должны идти по жизни: уповать даже в безысходности, иметь силу воли, чтобы надеяться в самые черные дни жизни. У нас всегда есть выбор — даже в обстоятельствах, которые подвергают сомнению нашу веру, когда мы видим кажущиеся доказательства, что Бог не благ или не держит обещания. Мы можем доверять видимому и опираться на собственное понимание ситуации — или же верить, что Бог именно Таков, как говорит о Себе, независимо от нашего понимания. Иеремия выбрал последнее. Он знал, что Божий народ виновен и суровый приговор справедлив, но также знал Бога, Который не меняет Своих целей и не изменяет Своей сострадательной природе.

Иеремия понимал, что глобальные разрушения, которые он видел, — еще не конец истории.

Наши сегодняшние испытания — тоже не конец истории. У нас может возникнуть искушение оценивать Бога в середине сюжета, но во всех хороших историях наступают моменты, когда кажется, что все пропало. Важен конец: героическое преодоление невероятных трудностей и бедствий, великие победы и окончательное искупление. Именно к такому счастливому концу устремлена Божья история, и на уровне всего мира, и в жизни каждого из нас. Развязка докажет, что горькие неудачи и трудные решения не были напрасны.

Поэтому вместе с Иеремией мы можем сказать, что Божья милость обновляется каждое утро и что Его верность велика. Мы не должны терять мужество, ведь Его любовь огромна. Нам есть на что надеяться даже в разгар грандиозных кризисов. Критические ситуации временны, а Божье избавление вечно. Середина истории длится лишь мгновение, уступая место счастливому концу.

### ВОПРОСЫ ДЛЯ РАЗМЫШЛЕНИЯ

Как вы думаете, почему Бог послал Иеремию проповедовать, если знал, что Его народ не станет слушать? Почему в самые темные времена, переживая ужасные неудачи и глубочайшую боль, важно помнить, что Божья милость обновляется каждое утро? Как мы можем испытать Его обновленную милость?

ДЕНЬ 41

# КНИГА ПРОРОКА ИЕЗЕКИИЛЯ, 1-39

Пока Иеремия предупреждал Иерусалим о грядущем крахе, Иезекииль пророчествовал пленникам, уже жившим в Вавилоне. Многие из них понимали, что подверглись Божьему суду, и верили, что уже сполна его испытали. Но священному городу и святому храму еще предстояло стать руинами. Как бы ни выглядели обстоятельства, Бог не оставил Свой народ. Изгнанники в далекой земле не смогли бы разобраться в противоречивых событиях без веского пророческого голоса. Им стал Иезекииль.

Возможно, послание Иезекииля — самое наглядное из всех пророчеств. Бог говорит образами больше, чем словами — некоторым пророкам пришлось «смотреть», чтобы увидеть Его слова. Это в полной мере касается жизни Иезекииля. Его драматическое видение Бога включало многоликих, многокрылых существ и колеса внутри других колес; большинство своих пророчеств он инсценировал. Иезекииль создал модель Иерусалима и осаждал его; лежал на боку больше четырехсот дней, чтобы изобразить годы греха Израиля и Иуды; готовил себе на огне из навоза, чтобы показать народу Божьему, что теперь они должны есть оскверненную пищу среди других народов; постригся и разделил волосы на части: одну часть сжег, другую изрубил мечом, третью развеял по ветру и небольшую часть сохранил, чтобы показать, что Бог сохраняет остаток наказанного народа. В шестнадцатой главе он рассказал весьма образную притчу об Израиле как о маленькой девочке, которую Бог спас, вырастил в молодую женщину, женился на ней, а потом был вынужден мириться с ее прелюбодеянием и торговлей собой. «Сторож дома Израилева» (3:17) под руководством Бога изобретал иллюстрации, потрясающие до глубины души.

Один из самых впечатляющих и обнадеживающих образов Книги пророка Иезекииля — его видение восстановления из тридцать седьмой главы. В этом видении Бог перенес пророка в долину, полную сухих костей, — не свежих трупов или разлагающейся плоти, а безвозвратно мертвых, разрозненных скелетов. Бог велел Иезекиилю изречь этим костям определенное пророчество, после чего они соединились в скелеты и обросли плотью. Тогда Бог велел Иезекиилю обратиться к духу — и тот наполнил тела жизнью. Напоминая тот день, когда Бог дал жизнь праху в Эдеме, иссохшие кости ожили и встали, образовав огромную армию. Это символ того, что осужденный, наказанный, уничтоженный народ вновь оживет; Божье искупление способно оживить как скелеты в могиле, так и мертвые во грехе души. Бог может вдохнуть жизнь во что угодно и в кого угодно.

Эти образы оставались значимыми не только для изначальной аудитории Писания, но и для множества людей на протяжении истории. Они символизируют победу и надежду, напоминают, Кто такой Бог — вдохновитель жизни, реставратор безвозвратно разрушенного, победитель смерти (и, тем более, меньших врагов). Зрительные образы надолго врезаются в память и легко применимы. По этой причине Иисус говорил притчами, а Бог подготовил для нас рассказы о людях, переживших встречу с Ним, а не богословский учебник. Библия — это ряд ярчайших метафор, а вовсе не диссертация на тему Бога. Почему? Потому что Бог предпочитает язык образов.

Это имеет прямую связь и с нашей жизнью. Он учит нас в «притчах» нашей жизни; указывает на метафоры в книгах, фильмах и реальных обстоятельствах; являет Свою славу, а не просто рассказывает о ней; влечет нас к Себе и к истине через события и отношения. Если мы действительно хотим «услышать» Его голос, то должны смотреть в оба, а не только внимательно слушать. Очень часто Бог показывает нам, над чем именно Он трудится в настоящий момент — исправляет нас, воодушевляет, обнадеживает, обещает прекрасное будущее.

### ВОПРОСЫ ДЛЯ РАЗМЫШЛЕНИЯ

Почему образ Бога, вдыхающего жизнь в высохшие кости, передает Его идею доходчивее, чем просто изложение сути? Использовал ли Бог зрительные образы, чтобы донести Свою истину вам? Если да, то как они на вас повлияли?

ДЕНЬ 42

# КНИГА ПРОРОКА ИЕЗЕКИИЛЯ, 40-48

Как и Иеремия, Иезекииль пророчествует о новом творении и времени, когда Бог даст Своему народу новое сердце. Он заменит развращенных пастухов, ведущих ложным путем, станет истинным Пастырем для народа, спасет Своих овец, заботливо и сострадательно позаботится о них. В заключительных главах книги Иезекииль, — священник, вся жизнь которого раньше была связана с храмом, — предвещает новый Иерусалим и новый храм, в которых Бог будет присутствовать вечно.

Говоря о новом Иерусалиме, Иезекииль использует все более яркие образы. На первый взгляд, речь идет о Божьем плане вернуть Свой народ из плена и возродить израильский народ, но буквальное толкование постепенно отступает перед нотами вечности. Если в предыдущем видении Иезекииля Бог удаляется из старого храма, то здесь Он заполняет Своим присутствием новый храм, великолепный и грандиозный, как и новый Иерусалим. Река символизирует Божью реку жизни, способную наполнить рыбой даже Мертвое море. Все колена получают равные наделы земли, храм совершенно чист и непорочен, как и священники, приносящие жертвы за народ, субботы и праздники безукоризненно чтутся. Таким должен быть Божий народ. Такова жизнь в Божьем присутствии на земле, наполненной Его славой.

Иисус и новозаветные авторы воспользовались этими образами и распространили их еще шире. Иисус — источник живой воды, добрый Пастырь, которого Бог обещал миру. Сошедший в день Пятидесятницы Дух, как обещано, обновляет сердце. Чтобы Бог смог вполне присутствовать среди Своего народа, кроме воскресения Христа и постоянной поддержки Духа, необходима еще и окончательная победа над злом, которая произойдет в конце времен. Книга Откровения описывает реку, текущую от Божьего престола по земле, где сияет Его слава, так что даже ночи больше нет. Так выглядит окончательное восстановление Божьего творения — картина, намного превосходящая одно лишь возвращение пленников из Вавилона. Это возвращение из рабства греха к первоначальному замыслу Бога: близким отношениям с Ним в месте, неподвластном злу. Эдемский сад станет городом Бога, где в самом центре будет храм, наполненный Его присутствием. Вот направление, в котором движется наш мир.

К сожалению, многие изгнанники времен Иезекииля находили в этом видении лишь надежду на отдаленное будущее и забывали о его безотлагательном применении (впрочем, так же поступают и многие наши современники). Если Бог намерен утвердить Свое Царство, наполнить его Своим присутствием, совершить правосудие по всей земле, значит, все это важно для Него уже сейчас. Невозможно представить, чтобы Он сказал: «Все это случится в конце времен. Отложим же благословения Моего Царства до того времени». Раз у Бога есть желание светить в мире, омывать Его рекой Своей милости, значит, верные Ему люди не должны медлить с тем, чтобы утверждать Его Царство. Мы не просто путешественники на долгом, трудном пути к месту нашего назначения. Мы — свидетельство об этом месте назначения. Всякий раз, когда Божье присутствие наполняет нас, мы насаждаем Царство на своем пути. Мы утверждаем его принципы всюду, где замечаем расхождение с ними. В каком-то смысле Царство еще не пришло, но в другом смысле — оно уже здесь и продолжает устанавливаться не только в нас, но и через нас. Строитель не ждет «одного прекрасного дня». Он уже трудится.

Мы видим реальность грядущего Царства и дальше в Писании. После вавилонского плена иудеи восстанавливают Иерусалим. Поклонение в храме возрождается. Приходит Мессия, и зарождается новое творение. Начинается преображение мира. Оно затрагивает отдельных людей, семьи, города и народы. Соль, свет и закваска Божьего Царства воздействуют на общество. Мы знаем, к чему все идет. Кто примет это видение, получит благословение наблюдать, как оно воплотится в их жизни.

### ВОПРОСЫ ДЛЯ РАЗМЫШЛЕНИЯ

Какие составляющие Божьего процесса возрождения творения может реализовать только Он? В каких его аспектах мы можем участвовать уже сейчас?

ДЕНЬ 43

# КНИГА ПРОРОКА ДАНИИЛА, 1-6

Даниил провел ночь со львами и выжил. Но в более широком смысле он провел в «логове львов» несколько десятилетий — и остался верным. Вместе с несколькими друзьями он стал одним из первых вавилонских пленников (вероятно, в младшем подростковом возрасте). По меньшей мере, три года юноши изучали во дворце язык, культуру и особенности религии своей новой страны. Им дали новые имена в честь вавилонских богов и, весьма вероятно, оскопили. Даниил с друзьями готовились стать чиновниками — перспективным молодым евреям ничего больше не оставалось, кроме как занять свое место в вавилонском обществе.

То, как Даниил и его друзья справлялись со своим затруднительным положением, — хороший пример благочестивой жизни в безбожном мире. Они сохраняли верность своему начальству до тех пор, пока это не угрожало их верности Богу. Они уважали представителей языческой власти, но отказывались есть некошерную пищу или кланяться идолу. Иногда их вольности поощрялись — например, когда иудейская пища оказалась лучше дворцовой. В других случаях, верность Богу и своим убеждениям навлекала на них большие неприятности. Например, когда Седрах, Мисах и Авденаго отказались поклониться статуе Навуходоносора, их бросили в раскаленную печь, а молитвенные привычки Даниила привели его в клетку со львами.

В отличие от многих мучеников Писания, им не пришлось умереть за свои убеждения. Наоборот, испытание веры привело их к большему почету и ответственным должностям. Они продемонстрировали, что Бог способен уберечь тех, кто не отказывается от своих принципов под давлением общества и его законов.

Даниил впервые отличился, когда истолковал сон Навуходоносора. Царь заподозрил, что его мудрецы скажут ему не более того, что он хочет услышать, поэтому под угрозой казни потребовал не просто растолковать значение сна, но и пересказать его содержание. Это требование вызвало панику среди советников, чародеев, астрологов и прорицателей. Но Даниил и его друзья знали, что на Небесах есть Бог, Который знает все и раскрывает тайны Своему народу. Они молились, и Даниил получил откровение о сне и его существенных политических последствиях; его толкование спасло страну от необдуманных действий царя.

Этот сон и остальная часть пророчеств Даниила показывают владычество Бога над народами в древности и сегодня. Его не смущает падение империй или приход к власти злых людей. Он остается с нами в любом трудном положении, будь то бюджетный кризис, нечестные руководители или безумцы, в чьем распоряжении кнопки, приводящие в действие оружие массового поражения. Он знает все заранее, и Его план невозможно расстроить. Да, зло имеет место быть, но оно не бесконтрольно. Существуют ограничения. Бог уже оценил все империи, когда-либо имевшие вес, и вплел их в Свой План. Даже если в процессе приходится тяжело, Его народ может быть уверен в благополучном исходе.

Бог открывает Свои тайны тем, кто любит Его и остается верным. Он не молчит и никогда не молчал. Даниил узнал Божий взгляд на несколько национальных кризисов, и в самый их разгар ему хватило смелости провозгласить истину. Пока политические стратеги, деятели культуры, финансовые аналитики и именитые исследователи стараются решить сложнейшие проблемы общества, Божьи люди могут молиться о решениях и получать их в качестве откровения, часто в виде блестящей идеи «из ниоткуда». Это возможно, поскольку Бог любит делиться правдой — но узнают ее лишь те, кто Его внимательно слушает. Не нужно считать Даниила исключением. У Бога, открывающего тайны, если много служителей. Если мы не только просим Его проговорить к нам, но и обязуемся исполнить Его слова, Он щедро делится Своей мудростью.

### ВОПРОСЫ ДЛЯ РАЗМЫШЛЕНИЯ

Как понять, когда нужно адаптироваться к культурным условиям, а когда следует оставаться бескомпромиссными? Каким образом пример Даниила учит нас отстаивать свое мнение? Как вы думаете, проницательность Даниила — это особый, исключительный случай или пример, которому мы можем подражать? Обоснуйте свое мнение.

## ДЕНЬ 44

# КНИГА ПРОРОКА ДАНИИЛА, 7-12

Время от времени Писание отодвигает завесу, и мы получаем представление о происходящем за кулисами. Последние шесть глав Книги пророка Даниила как раз и предлагают нам такой «взгляд сверху» на земные дела. Череда империй — Вавилонская, потом Мидийская и Персидская, Греческая и, наконец, Римская — не случайность в истории человечества. Над царствами есть высший Судья, к которому люди могут обращаться, Царь превыше любых земных властей. В центре всех политических перемен находится Сын Человеческий, чье господство величественнее любой империи, когда-либо существовавшей на земле.

Это важно помнить, когда кажется, что земные правители слишком опасны, сильны и непобедимы. Власть империй краткосрочна — они накатывают и отступают, подобно приливу. Да, от них много что зависит в земных делах, но сами они подчиняются силам куда более значительным, чем могут вообразить их лидеры. Истинная империя — Божье Царство, которое раскроется постепенно и заменит все эти империи, — может показаться царям незначительным, но Предвечный больше их всех. Видения Даниила это отчасти приоткрыли, и он был в изумлении.

Однажды, посреди видений, Даниил прочел в пророчествах Иеремии, что для пленения Господь определил только семьдесят лет. Многие успокоились бы на этом факте и ждали, когда Бог сделает Свое дело, Даниил же принялся поститься, усерднее молиться и исповедовать грехи народа. Он не считал Божью волю слепым роком. Богу обычно нужен посредник среди людей, чтобы ходатайствовать о них и содействовать Его работе. Такую миссию в свое время уже брали на себя Авраам, Иосиф, Моисей, Давид и другие; теперь же она не дает покоя Даниилу. Когда Бог открывает Свою цель, задача человека — молиться о ее воплощении.

Мы редко относимся к пророчествам так, как это делал Даниил. Судя по всему, ему открывались события, касающиеся не только его эпохи, но и окончания всей человеческой истории; сегодня же многие толкователи Библии лишь составляют графики различных событий и ожидают, пока все это произойдет. Христиане редко видят себя активными и неотъемлемыми участниками исполнения пророчеств. Лишь изредка те или иные предсказания побуждают нас молиться об их реализации. И даже когда мы молимся об исполнении Божьего обещания, то часто делаем это без настойчивости и усердия Даниила. Однажды Бог открыл пророку, что его глубокая, страстная молитва была услышана на небесах, но, чтобы ответить, отвечающим за нее небесным посредникам пришлось двадцать один день провести в сражении. Судя по всему, без упорства Даниила в молитве сражение было бы проиграно или ответ был бы неполным. Откровения Даниила напоминают нам, что в мире происходит гораздо больше событий, чем мы способны увидеть; что на кону — вселенская история; что, несмотря на Свою способность самостоятельно довести до конца задуманное, Бог почти всегда задействует людей — и для того чтобы молиться, и для того чтобы участвовать в ответе на свои же молитвы. Нет большей чести, чем приобщиться к исполнению Божьего замысла.

Пророчества Даниила вызывают у нас вопрос: а что же происходит за завесой нашей собственной жизни? Как мы можем узнать из других библейских книг, Бог владычествует не только над геополитикой, но и над отдельными личностями. Он наметил цели для нашей жизни и призывает нас придерживаться их. Когда мы приближаемся к Нему, слушаем Его голос, ищем Его видения и молимся об исполнении Его плана, мы становимся активными участниками истории, величие которой даже не можем представить.

### ВОПРОСЫ ДЛЯ РАЗМЫШЛЕНИЯ

Почему Даниил стал усердно молиться и поститься, узнав из пророчества Иеремии, что пленение продлится только семьдесят лет? Считаете ли вы исполнение Божьих обещаний неизбежным и независимым от наших усилий? Или думаете, что их нужно «вымаливать» и брать верой? Почему?

## ДЕНЬ 45

# КНИГА ПРОРОКА ОСИИ

Бог Израиля призывает к целеустремленности и искренней преданности, ищет почитателей, для которых Он будет превыше всех других богов. Бог часто называет Свои отношения с людьми обручением, а тех, кого спас, — Своей невестой. Это глубоко личный, интимный союз. Тем не менее, многие в Израиле предпочитали храм Ваала, где обращались к богу дождя и плодородия, а кроме того, инсценировали свои просьбы о плодородии в общении с храмовыми проститутками. Они не искали обеспечения своих нужд у истинного Бога, а кланялись ханаанскому идолу, подчиняясь низменным желаниям. С точки зрения вселенского брака, это было прелюбодеянием.

Об идолопоклонстве Израиля в терминах брачного контракта говорили несколько пророков, называя его адюльтером. Призванием Осии стало воплотить эту метафору в жизнь, изобразить ее наглядно. Бог велел ему жениться на блуднице по имени Гомерь, которая не раз будет продавать себя другим любовникам. Осии придется задаваться вопросом, он ли отец ее детей (нареченных пророческими именами), которыми мать не будет заниматься. Тем не менее, Осия должен был оставаться верным мужем и хорошим отцом. Вопиющая неверность Гомери не влияла на отношение мужа: он неизменно звал ее обратно и даже выкупил из рабства, в которое она сама себя продала. Жизнь пророка стала пророчеством, иллюстрацией отношений Бога с Его народом.

Пока Осия пророчествовал, целостности страны на севере угрожали ассирийцы. Божий народ был уязвим для нападения. Он подвергался частым набегам и жил в постоянном страхе перед поражением и пленением. Осия называет частые конфликты с Ассирией Божьим судом против Израиля за супружескую неверность. Если народ вернется к Богу, то получит прощение и защиту.

Суть пророчества Осии — не приговор. Это изображение верности и сострадательности Бога. Разве скорбь не естественна для мужа в подобной ситуации? Как любой хороший муж, Бог хочет, чтобы Его жена перестала вести себя распущенно. Он желает таких отношений, какие должны быть в браке: любви, близости, удовлетворения. Пророк показывает нам нежность убитого горем мужа. Пока Израиль «гуляет» с другими богами, Бог с надеждой ждет: «Поэтому вот, и Я увлеку ее, приведу ее в пустыню и буду говорить к сердцу ее. И дам ей оттуда виноградники ее и долину Ахор в преддверии надежды; и она будет петь там, как в дни юности своей и как в день выхода своего из земли египетской» (Ос. 2:14–15).

Над нами не нависла угроза ассирийского вторжения, и мы поклоняемся идолам в другой форме, нежели израильтяне. Но мы находимся в таких же отношениях с тем же Богом — в близком союзе с Тем, Кто призвал нас быть Его невестой. Поэтому образ Бога, описанный Осией, остается актуальным. Многие христиане служат Богу из долга, ломают головы над теологическими вопросами или воспринимают христианство как систему принципов, но Бог за кулисами ищет нашей любви и сокрушается, когда мы находим себе другие привязанности. Наши отношения с Ним не должны превращаться в религиозные ритуалы, ведь они подразумевают слияние сердец. Для этого мы созданы, для этого Бог дорогой ценой открыл нам путь к примирению, и к этому ежедневно призывает нас Дух Святой. Ему нужна наша любовь.

Когда мы искренне любим Бога и выстраиваем свою жизнь на основании этой любви, мы в наибольшей мере соответствуем своему предназначению. Без этого тщетны все попытки усвоить принципы веры, жить святой жизнью, служить Богу и влиять на мир. Иисус не случайно сказал, что наибольшая заповедь — любить Бога всем сердцем. Это главное, чего Он желает для нас. Без нашей любви Он печалится, но продолжает терпеливо и верно ждать, пока мы обратим к Нему свои чувства.

ВОПРОСЫ ДЛЯ РАЗМЫШЛЕНИЯ

Почему неверность Богу считается прелюбодеянием? Почему израильский народ отдал свое сердце другим богам? Каким образом мы делаем то же самое в наше время?

## ДЕНЬ 46

# КНИГА ПРОРОКА ИОИЛЯ

Иоиль пророчествует о нашествии саранчи. Или о наступающей армии. А может, об обоих этих событиях. Об этом никто не может сказать с уверенностью, как и о времени, когда оно было (или будет) исполнено. Одно несомненно: грядет «день Господен», который в пророческих книгах, похоже, всегда означает Божий суд. Когда он настанет, Бог перестанет ждать от людей повиновения и будет оценивать то, как они вели себя прежде. Об этом дне всегда говорят с благоговением и трепетом.

Скорее всего, Иоиль — пророк из южного царства, Иудеи, — использует недавнее опустошительное нашествие саранчи, чтобы проиллюстрировать другую грядущую кару, приход армии, которая уничтожит землю основательнее саранчи. Хотя Бог хочет, чтобы народ помнил о Его царстве и описанном в Бытии Эдемском саде, войска захватчиков сотрут все следы Эдема. Созвав торжественное собрание для искреннего и глубокого покаяния, как совместного, так и личного, народ мог предотвратить грядущий суд. В конце концов, Бог заключил завет, по которому обязался жить среди Своих людей. Он всегда готов восстановить их и жить среди них. Но есть условия для Божьего присутствия среди народа, группы людей или даже в отдельной жизни: люди должны подражать Его характеру и стремиться к Его целям. Без этого Ему придется изменить их условия обитания, как правило, болезненным путем, чтобы в них могла сполна проявиться Его слава.

Бог в любом случае восстановит людей и будет жить посреди них, даже если сейчас они не изменят свои сердца, — а, как мы знаем из истории, они этого не сделали. Люди редко распознают Божий голос и призыв к покаянию, пока не приходит наказание. Вот тогда они понимают, что голос принадлежал Богу. Такова человеческая природа: мы не хотим прислушиваться к предупреждениям, пока не убедимся в их обоснованности, а в нашем мире, где любят запугивать, многие угрозы действительно беспочвенны. Но не все, и наша обязанность — видеть разницу.

Как и другие пророчества, слова Иоиля указывают и на ситуацию в Иудее того времени, и на общую картину будущих событий. Они одновременно действуют «здесь и сейчас» и «там и тогда». На пророчество Иоиля о Святом Духе многим позже ссылался Петр. Бог изольет Святой Дух на всех людей: сыновья и дочери будут пророчествовать, старцы будут видеть сны, а юноши — видения. Дух сойдет на людей по всему миру. Солнце поглотит тьма, и луна превратится в кровь, будут столбы дыма, все это — Божьи чудеса и суд (Иоиль, 2:28–32; Деян. 2:17–21). Петр разглядел истинный смысл этих слов, хотя никто не видел снов или видений в день Пятидесятницы, и солнце с луной светили, как обычно. Ни в прямом, ни в переносном смысле в тот день не было катаклизмов, характерных для Суда. Но были порывы ветра и столбы огня, а люди начали говорить на иных языках. Произошел сдвиг, который лучше всего был описан в пророческих образах Иоиля, указывавших на Пятидесятницу и на еще более великие грядущие явления. Современные богословы наверняка бы сочли, что Петр слишком вольно цитирует Иоиля, возможно даже, вырывает слова из контекста; но апостол знал, что такое толкование, безусловно, соответствует Божьим целям. Судя по всему, у пророческих откровений может быть куда более широкое применение, чем мы обычно думаем.

Так действует Божье Слово. Бог обращает его к конкретной ситуации, но оно отзывается эхом и в дальнейшей истории. В нем есть сила для формирования нашей жизни и будущего, а его исполнение может быть более грандиозным, чем мы могли предположить изначально. Вот почему слова пророка, сказанные более двух с половиной тысячелетий назад, никогда не потеряют актуальности. Они наполнены вечной силой Святого Духа и перекликаются с современными ситуациями, будто произнесены для нашего времени и поколения.

ВОПРОСЫ ДЛЯ РАЗМЫШЛЕНИЯ

Какие условия Бог установил для Своего народа, чтобы люди могли быть в живых и действенных отношениях с Ним? Какую роль играет покаяние в возникновении или поддержании этих отношений?

## ДЕНЬ 47

# КНИГА ПРОРОКА АМОСА

Амос занимался своим делом — пас овец и собирал инжир, когда Бог дал ему неприятное поручение: пройти от Иудейского царства на юге до Израильского на севере с пророчеством о грядущем разрушении. Разумеется, это послание не обрадовало израильского царя.

Сообщение, которое Бог дал Амосу, начинается с упрека окружающим народам, в том числе ассирийцам, филистимлянам и Тиру (современному Ливану). На первый взгляд, слушатели Амоса должны были остаться довольны, ведь пророк, казалось, поддерживал их представление о дне Господнем, когда Бог возвысит Свой народ и низвергнет его врагов. Но не тот «день Господень» увидел Амос, потому что суд против народов включает и Иуду, близкого брата Израиля, а затем и самого Израиля. Почему? Потому что для оценки Своего народа Бог использует более высокие стандарты. Уже несколько поколений нарушали договор, который Он заключил с ними.

Если Эдом, Аммон и все другие народы, не получившие указаний от Бога, судятся за свою агрессию, насколько большим будет наказание избранного народа, который нарушил Божьи заповеди, записанные специально для него? Об этом же позднее говорил Иисус, хоть и несколько иными словами: «И от всякого, кому дано много, много и потребуется; и кому много вверено, с того больше взыщут» (Лк. 12:48). Народ Израиля получил очень многое, но безрассудно растратил свое преимущество. Божье мерило выявило степень его развращенности. Бог сурово его накажет.

Евреи не услышали Амоса отчасти потому, что Бог не дал этому пророку особых доказательств. Это были дни относительного процветания и стабильности Израиля, когда угроза со стороны сильнейшего из врагов, Ассирии, существенно ослабла. Обстоятельства, скорее, говорили о том, что Бог благословлял Свой народ, а не готовился его покарать. Но Амос перечисляет его грехи, большинство из которых так или иначе были связаны с несправедливостью. Богатые процветали за счет бедняков, среди Божьего народа царило вопиющее неравенство. Это должно было пробудить совесть израильтян и заставить их задуматься о своем состоянии. Но они сравнивали себя с окружающими народами, а не с Божьими стандартами, и такая искаженная перспектива позволяла им снисходительно относиться к собственным недостаткам. Раз они ведут себя лучше соседей, наверное, Бог их одобряет. Амос же утверждал, что Бог ждет от них гораздо большего.

Это пророческое слово содержит принцип, применимый и в нашей жизни. Мы слишком потакаем собственным слабостям, когда видим еще большие слабости у других людей. «По крайней мере, вот так я не поступаю», — говорим мы себе. Да, действительно, у Бога много благодати, а нездоровый перфекционизм и неумение прощать себя до добра не доводят. Однако Он возлагает особые надежды на тех, кому дано особое призвание. В дополнение к конкретным делам, каждый верующий призван соответствовать Божьему характеру. Бог не судит нас за каждый промах, иначе бы мы постоянно жили под угрозой наказания, но Он исправляет нас, если мы закрываем глаза на свое поведение. Он не позволяет нам совершать поступки, которые другим вполне могут сойти с рук. В любом случае, нам не следует сравнивать себя с другими. Это ложный стандарт, он не от Бога. Наш же эталон — характер Самого Господа; ему и должен соответствовать Израиль, по словам Амоса. Если мы не отражаем Его, значит, мы отражаем чьи-то другие черты. Так мы растрачиваем возможность приблизиться к Богу и положительно влиять на других людей. Наше призвание всегда выше и глубже, независимо от того, как ведут себя другие вокруг нас.

### ВОПРОСЫ ДЛЯ РАЗМЫШЛЕНИЯ

Как вы думаете, актуальны ли для большинства христиан темы пророчества Амоса — угнетение, несправедливость, эксплуатация бедных и другие социальные вопросы? Почему? Какой реакции на эти проблемы Бог ждет от нас сегодня?

## ДЕНЬ 48

# КНИГА ПРОРОКА АВДИЯ

«Малые пророки» называются так из-за краткости их пророчеств, и Авдий оправдывает эту характеристику более других. Его книга состоит из двадцати одного стиха — обвинительного приговора Эдому — и нечасто становится предметом проповедей или изучения в малых группах. В этом пророчестве нет эффектных цитат, красивой цели или современного применения, по крайней мере, на поверхности. В конце концов, часто ли скверные идумеи грабят наши города сегодня? Но, всмотревшись, можно обнаружить у Авдия важную истину. Если читать эту книгу между строк, она очень обнадеживает.

Это не тот Авдий, который прятал пророков в пещерах во времена Илии, когда Иезавель пыталась очистить Израиль от поклонения Яхве. Этот Авдий, похоже, жил и пророчествовал после падения Иерусалима, поскольку упоминает о вавилонянах, которые вынесли все богатства из города и бросали жребий о его земле. В тот день идумеи — потомки Исава, брата Иакова, — повели себя не по-родственному. При падении города они стояли в стороне, а некоторые даже участвовали в разграблении. Они не поддержали своих иудейских родственников, а объединились с иноземными захватчиками и праздновали разрушение храма. Они предали своих соседей и свое собственное наследие.

Авдий осуждает их и предсказывает разрушение Эдома. Хотя, по всем внешним признакам, Иуда лежал в руинах, а Эдом процветал, предстояли кардинальные перемены. Бог восстановит Иуду, а Эдом сотрет с лица земли. Именно так Бог оценил ситуацию, а Божье слово сильнее внешних обстоятельств. Торжествовать Эдому оставалось недолго.

Что мы узнаём о жизни из этого пророчества? Во-первых, мы всегда пожинаем то, что посеяли. Если мы сеяли разрушение и опустошение, то нам несдобровать; и наоборот, можно воспрянуть духом, если мы сеяли утешение, мир и великодушие. Очевидно, эту фундаментальную истину можно увидеть не только в Книге Авдия — она прослеживается во всем Писании. Становится понятнее то, что произошло на кресте: мы посеяли семена непослушания, но Иисус пожал последствия вместо нас. Но и после креста Библия продолжает напоминать об этом естественном законе: что бы мы ни сделали, мы должны быть готовы ответить за последствия. От этого нам может быть тревожно, но у этого принципа есть и хорошая сторона. Когда мы проявляем любовь, прощение и другие добродетели, можно ожидать, что они к нам вернутся. Какую меру мы используем для других, та же будет использована и для нас, говорил Иисус (Лк. 6:38). По словам Авдия, немилосердные идумеи могут рассчитывать лишь на урожай немилосердия. Мы же можем сделать диаметрально противоположный выбор и пожать добрый урожай, превосходящий наши самые смелые мечты.

Что мы узнаем из Книги Авдия о Боге? Он остается на стороне Своего народа, даже когда судит его. Да, Он наказывает Иуду и допускает разрушение Иерусалима, но это семейное дело. Во дворе, где полно хулиганов, Он — тот самый «старший брат». Он защитит родного человека от обидчиков. Он может придумать множество способов дисциплинировать нас, но любой внешний неприятель встретится с Его гневом. Он защищает Своих.

Главное, что мы узнаём из этой небольшой книги: Бог хочет, чтобы мы отражали Его характер. Идумеи злорадствовали над падением своих врагов — такое отношение осуждается в Притчах (24:17) — и радовались в совершенно неподходящее время. Они смеялись, когда Бог горевал. Если не прислушиваться к биению Божьего сердца, можно и отпасть от Его плана. Верно и обратное: внимательность к Божьим действиям позволяет нам участвовать в Его плане и даже играть в нем весомую роль. Как и иудеи, мы убедимся, что Бог всегда поддерживает тех, чьи сердца бьются в унисон с Его сердцем.

### ВОПРОСЫ ДЛЯ РАЗМЫШЛЕНИЯ

Как принцип «что посеешь, то и пожнешь» относится к нам в свете нашего спасения? Как мы можем использовать его в свою пользу?

## ДЕНЬ 49

# КНИГА ПРОРОКА ИОНЫ

На первый взгляд кажется, что книга Ионы — история о непослушном пророке, которому следует получить строгий урок послушания. Но она гораздо глубже. Интересно, что в Библии она следует за пророчеством Авдия, который ставил в упрек немилосердным идумеям, что их сердца не соответствуют Божьему. Здесь же мы видим такую проблему у самого пророка, хоть и жившего на несколько столетий раньше. Да и многие обстоятельства оказались диаметрально противоположными.

Самое большое желание патриотично настроенного пророка — чтобы Бог покарал заклятого врага Израиля, ассирийский город Ниневию. Но у Бога иной план.

В начале этой истории Бог велит Ионе отправиться в Ниневию и обличить ее жителей в грехах. Это все равно что встать на Красной площади в 1960-х годах и заявить, что коммунизм — зло, или отправиться сегодня в Мекку и обличать ислам. Это было сродни самоубийству, ведь Ассирия славилась жестоким обращением с врагами, а Израиль, безусловно, входил в их число. Тем не менее, Бог так сказал. Что же сделал пророк? Он попытался убежать от Бога как можно дальше. Для этого достаточно было попасть в открытое море, думал он, подальше от Земли обетованной. Иона «взял билет» на запад.

Но Бог присутствует даже в море и владычествует над его созданиями. Когда судно попало в шторм, совесть подсказала Ионе, в чем дело. Он признал свой бунт против Бога и вызвался стать «козлом отпущения», приказав своим товарищам бросить его в море — возможно, в еще одной попытке избежать Божьего призвания, на этот раз через смерть. Но Бог дал пророку время на размышления в чреве кита. Когда Иона покаялся, рыба извергла его на сушу. Иона получил второй шанс.

И вот чудеса: хотя Иеремия, Исаия и другие пророки тщетно изрекали пространные речи, Ионе хватило весьма скучной и лаконичной проповеди, чтобы к Богу обратился весь языческий город, погрязший в насилии и идолопоклонстве.

Здесь нам открывается истинная причина бегства Ионы: возможно, он и опасался за свою жизнь, но еще больше боялся, что Бог проявит милость к Ниневии. Он настолько не приемлет Божьего решения, что просит себе смерти. Но Бог дает

Ионе наглядный урок: показывает абсурдность его сочувствия к увядшему растению и собственному удобству, но не к людям, которые не знают своего Творца. Бог сострадает людям заблудшим и сокрушенным, Ионе же чуждо это чувство. Последний стих книги подводит итог: «Мне ли не пожалеть Ниневии, города великого?» (Иона, 4:11). Если Бог так заботится о людях, то и Его пророку следует поступать так же.

Основная идея этой пророческой истории: Бог любит даже самых отъявленных бунтарей. Этого не видно в суде над Эдомом (Книга Авдия), но ведь Эдом уже долгое время отвергал Божьи инициативы. Ассирийцы же воспользовались возможностью обратиться к Богу. Впоследствии нация ожесточилась, напала на Израиль и подверглась за это осуждению, но сердца ниневитян поколения Ионы раскаялись под влиянием Божьей милости. В этом мы видим Бога и Его глобальный план.

Бог снова приглашает Свой народ настроить сердца на одну волну с Ним. Он хочет, чтобы люди не просто знали о Его мыслях и чувствах, но и чувствовали то же самое. В конце Книги Ионы Бог показывает, чего Он от нас хотел, создавая нас по Своему образу. Иона же показывает, что было утрачено в момент грехопадения — наша связь с Богом разорвалась. Библейская история — история восстановления этой связи. Когда Бог приглашает нас к единодушию с Ним, пусть даже в отношении к нашим злейшим врагам, мы понемногу ее возобновляем.

### ВОПРОСЫ ДЛЯ РАЗМЫШЛЕНИЯ

Почему Бог хотел, чтобы Иона питал к ниневитянам те же чувства, что и Он? Почему это оказалось так сложно для пророка? В чем именно мы должны разделять Божьи чувства сегодня? Какие затруднения у вас при этом возникают? Почему?

ДЕНЬ 50

# КНИГА ПРОРОКА МИХЕЯ

В Послании к римлянам (12:9) Павел призывает Божий народ ненавидеть зло и прилепляться к добру. Видимо, в дни Михея люди поступали наоборот (Мих. 3:2). Пророчество выносит приговор Иудее за ее грех, в частности за несправедливость, продажность и угнетение уязвимых слоев общества. Богачи изымали у бедняков их имущество и выманивали наследство, что было большим злом в глазах Бога. Как и Амос, и другие пророки, Михей выражает Божий взгляд на социальную справедливость.

Михей пророчествовал в одно время с Исаией, возможно, после ассирийского завоевания Израиля, но задолго до вавилонского пленения Иудеи. Как и Исаия, он обличал в нечестивом поведении избранный народ — людей, призванных быть Божьими представителями в мире. Вожди народа были коррумпированы. Торговцы пользовались неверными весами. Соседям нельзя было верить. Богатые и могущественные использовали бедных и слабых, чему способствовали многие пророки из народа, покрывая духовные последствия этой эксплуатации. Не имея мира, они провозглашали мир, словно у Бога не было причин быть недовольным Своим народом. «Все хорошо», — говорили они. Но все было плохо. Бог не терпит несправедливости и не допустит, чтобы она долго продолжалась. Отрезвляющая правда из уст Михея и нескольких других настоящих пророков звучала вразрез с преобладавшими в те времена настроениями. А суд, по словам Михея, обещал быть очень строгим.

Подобно Исаии, Михей несколько раз намекает на мессианский золотой век. Очень похоже, что некоторые из его образов указывают на служение Иисуса; другие, возможно, относятся к Его Второму Пришествию, когда мессианская эпоха вступит в полную силу. Здесь также содержится одно из ключевых пророчеств, которое в течение следующих нескольких столетий подпитывало мессианские ожидания: из Вифлеема восстанет правитель Израиля. После суда придет Спаситель.

Одна из самых интригующих сцен книги Михея — иск Бога к Его народу. В шестой главе Господь приглашает людей судиться с Ним и призывает в свидетели горы и холмы. Закон сводится к нескольким требованиям: «О человек! Сказано тебе, что — добро и чего требует от тебя Господь: действовать справедливо, любить дела милосердия и смиренномудренно ходить пред Богом твоим» (Мих. 6:8). Это просто, но даже этого люди не сумели. Они не поступали справедливо, не полюбили милосердие и даже не проявили смирения перед Творцом. Поэтому приговор в этом небесном зале суда — «виновны». Суровое наказание уже определено (Мих. 6:13).

Когда сегодня в церкви говорят о грехе, мы, в основном, сразу представляем сексуальную распущенность, пьянство и другие виды безнравственного поведения. Но пророков, подобных Михею, гораздо больше заботило отсутствие искренности, сострадания и справедливости к угнетаемым — многим современным христианам эти грехи кажутся почти несерьезными. Пророки решительно настаивали, что Божий народ должен отражать Его характер. Где Он милостив, и мы должны проявлять милосердие. Где Он поступает по справедливости, нам следует Ему подражать. Нельзя лгать или пользоваться неверными весами, потому что в Боге нет лжи и Он не использует двойных стандартов. В Своем зале суда Бог не примет оправдание «я всего лишь человек». Он хочет не просто послушания — Он хочет видеть в людях желание походить на Него. Он желает, чтобы мы от всего сердца подчинялись Ему во всех сферах нашей жизни.

К нашему облегчению, обвинительный приговор — не окончательное решение для народа Божьего, и, вслед за другими пророками, Михей предсказывает восстановление. Как в более поздних пророчествах Иеремии и Иезекииля, Бог позаботится о сердечных проблемах Своего народа. Каждому Своему ребенку Он подарит новое сердце — нравственное и сострадательное, скроенное из того же материала, что и Его собственное. Это огромное счастье и честь для Божьих детей; им предстоит жить в Царстве под управлением Мессии, Который попирает наши грехи и ввергает их в пучину морскую (Мих. 7:19). Сердце Царя объединится с сердцем Его народа. Царство наполнят справедливость, милосердие и смирение людей пред Богом.

### ВОПРОСЫ ДЛЯ РАЗМЫШЛЕНИЯ

Какие духовные опасности подстерегают нас в самодовольном, процветающем обществе? Почему многие христиане считают сексуальную распущенность большим грехом, чем несправедливость?

## ДЕНЬ 51

# КНИГА ПРОРОКА НАУМА

Писание немного приоткрывает нам духовную историю Ассирии, чтобы мы поняли, как терпеливый Бог поступает с жестокими, воинственными людьми. Бог дал им возможность обратиться к Нему, которой они воспользовались на некоторое время — об этом повествует книга Ионы. Потом порыв угас, Ассирия взлетела к региональному господству, и в 722 году до н.э. Бог использовал ее, чтобы свергнуть северное, Израильское, царство. Южное царство, Иудея, стало чем-то вроде вассального государства, наполовину независимого, но обязанного платить Ассирии дань и жить под угрозой вторжения. К моменту написания пророчества Наума, около столетия после падения Израиля, слово «Ассирия» стало синонимом гордости и жестокости. Божье терпение иссякло.

Итак, пророчество Наума — окончательный обвинительный приговор Ниневии, столице Ассирийской державы. Пророчество Ионы — «Еще сорок дней и Ниневия будет разрушена!» (Иона, 3:4) — еще оставляло возможность покаяться; жители города обратились к Богу и получили избавление. Но пророчество Наума окончательно. Уже слишком поздно. «Нет врачевания для раны твоей», — говорит пророк ассирийскому царю (Наум, 3:19). Ложь и насилие «города крови» (Наум, 3:1) обернутся против его населения. Бог защищает тех, кто доверяет Ему, и сметает врагов Своего народа. На данный момент ниневитяне уже ничего не могут с этим поделать.

Похожее решение в отношении иноземной державы мы видели у Авдия, однако пророчество Наума обращено к гораздо более грозному государству. Пророк недвусмысленно заявляет, что при всем Своем терпении Бог не намерен мириться с непокорностью вечно. Он позволяет империям, даже жестоким, обрести мощь, но не навсегда. В истории есть множество подобных примеров, от Вавилона до нацистской Германии; угнетатели народа Божьего в конечном итоге превращаются в смутные воспоминания. В этом — ужасная новость для тех, кто идет к власти через агрессию и насилие, и надежда для их жертв, которым приходится терпеть гнет алчных правителей.

Послание Наума — это не просто уведомление о несправедливости империи. Это иллюстрация того, как Бог осудит любое зло. Наша жизнь в мире порой мучительна. Человеческий бунт осквернил прекрасное Божье творение. Порой мы так страдаем, что кажется, больше не выдержим. Но хотя в мире столько зла, Бог все равно его сдерживает. Он строго определяет рамки бедствий. Несчастьям не вечно править, их срок подходит к концу.

Слова Наума могут ободрить или ужаснуть людей — в зависимости от их духовного состояния: «Господь есть Бог ревнитель и мститель; мститель Господь и страшен в гневе: мстит Господь врагам Своим и не пощадит противников Своих» (Наум, 1:2). Подобно страстному мужу, Бог ревностно защищает Свою возлюбленную. Окончательное осуждение Ниневии предзнаменует последний суд в Откровении. Какой бы сложной жизнь ни выглядела сейчас, Бог непременно поддержит тех, кто Его любит, и уничтожит тех, кто ненавидит. Он всегда на нашей стороне.

### ВОПРОСЫ ДЛЯ РАЗМЫШЛЕНИЯ

Что вы чувствуете, когда читаете газетные заголовки о нестабильности в мире? Легко ли вам верить в Божью власть над глобальными событиями?

ДЕНЬ 52

# КНИГА ПРОРОКА АВВАКУМА

Оглядевшись по сторонам, псалмопевец Асаф увидел, что нечестивые люди благоденствуют, в то время как чистые сердцем страдают (Пс. 72). Это совсем не было похоже на исполнение Божьих обетований или Его представление о справедливости, и Асаф ужаснулся: как такое может быть? Лишь войдя в Божье присутствие, он увидел все в более далекой перспективе и понял, что Творцу можно доверять.

Пророчество Аввакума развивается по аналогичному сценарию. С самого начала пророк поднимает множество вопросов. Как долго ему придется плакать в ожидании Божьих ответов? Почему Бог мирится с несправедливостью? Почему народ страдает от своих грехов? И так далее, и тому подобное — жалобы Аввакума бесконечны (стоит заметить, что подобные жалобы многим приходят на ум, но не все их выражают). Бог отвечает Аввакуму, по крайней мере, частично. Он говорит, что задумал сотворить нечто удивительное. Он возвысит вавилонян, безжалостных, гордых, жестоких людей, обожествивших собственную мощь, и сделает их инструментом своего правосудия. Затем он осудит этот народ за беспощадность, гордыню и насилие.

Эти вопросы обсуждались у многих пророков перед иудейским пленом, но Аввакум отличается своим стилем. Он не обращается к читателям напрямую — это беседа пророка с Богом. Своей откровенностью Аввакум напоминает Иова, Иеремию или даже Иакова, когда тот боролся с Богом.

Подобную прямоту верующие часто не одобряют, считая неуважительной, но здесь Бог ее приветствует. Он не только отвечает, но и обещает более глубокое откровение в будущем и показывает пророку, по меньшей мере, часть Своего плана. В результате Аввакум, как и Асаф, к концу книги меняет мнение. Его жалобы сменяются терпением и верой в исполнение Божьих замыслов.

Бог допускает подобную прямолинейность в отношениях со Своим народом, ведь Он создал нас для отношений. А что за отношения без честности? Если же нам нужно изменить что-то в своем восприятии, Бог поможет нам в этом, как помог Аввакуму. Он предпочитает тех, кто борется с Ним, а не тех, кто закапывает свое возмущение поглубже. В такой борьбе наши отношения с Ним закаляются и углубляются. Бог радуется общению, даже когда мы приносим к Нему свое недовольство и сомнения.

Своим примером Аввакум показывает, как слышать Бога. Он стоит на страже и ждет, чтобы «увидеть», что Бог скажет; это еще раз подтверждает, что Творец часто использует для общения наглядные образы. Бог велел записать откровение и ждать его исполнения, даже если будет казаться, что оно задерживается. Пророку следует подчиниться Божьему выбору времени и проявить терпение.

Книга заканчивается ожиданием, и Аввакума это устраивает. Он больше не жалуется, как в начале. Аввакум будет радоваться в Боге, даже когда доказательства Его благости отсутствуют: инжир, виноград и оливы не приносят плода, а в стойлах нет скота. Другими словами, в своем сердце он уже решил для себя вопрос Божьей благости. Сомнение в ней, которое гложет нас изнутри в трудные времена, перестало терзать Аввакума. Он принял решение радоваться, невзирая на обстоятельства.

В этом и заключается вера праведника, о которой говорит Аввакум: «Праведный своей верой жив будет» (2:4). Эта истина часто цитируется в Новом Завете в контексте вопроса спасения, но она необходима нам каждый день. Праведный живет верой в то, что Бог достигнет Своих целей, что Его слова истинны, а доброта не ослабевает, и что Он действует даже в обстоятельствах, значения которых мы не понимаем. Тогда мы сможем не только выстоять, но и расцвести. Когда мы видим, каков наш Бог, и доверяемся Ему, Он дает нам ноги, как у оленя, чтобы взобраться вместе с Ним на самые крутые вершины.

ВОПРОСЫ ДЛЯ РАЗМЫШЛЕНИЯ

Как Аввакуму удалось решить для себя вопрос о Божьей благости? Что стало ключом к способности находить радость вопреки обстоятельствам?

ДЕНЬ 53

# КНИГА ПРОРОКА СОФОНИИ

Софония был потомком благочестивого царя Езекии и пророчествовал во времена правления другого благочестивого царя, Иосии. Почему же его слова так суровы? По какой причине он предсказывает катастрофу для Иудеи в таких зловещих выражениях? Почему в своих предостережениях он постоянно ссылается на «Господа Саваофа» — Бога небесных воинств? Дело в том, что, хотя среди царей Иудеи встречались реформаторы, страна так и не избавилась от идолопоклонства. Сколько бы Иосия ни пытался разрушить жертвенники Ваала и Молоха, нечестивые алтари оставались. Почему? Потому что идолопоклонство исходит из сердца. Цари и священники могли уничтожить алтари, но они снова появлялись, если сердца людей тянулись к языческим богам.

Именно это и происходило в Иудее ближе к концу ее государственности. Несмотря на усилия возродить поклонение Богу в храме, многие люди по всей стране сохраняли домашние алтари и жертвенники лжебогам на склонах холмов. Те, кто приходил к ним, по большей части не были дерзкими отступниками; они просто верили, что Богу нет дела, что Он слишком далек или отрешен, чтобы обращать внимание на их личное поклонение. Они не понимали, что Богу далеко не все равно, кому поклоняется Его народ. Вот почему Софония провозглашает грядущий суд, предвосхищая Иеремию, который вскоре добавит еще больше наводящих ужас деталей. Ярость Божья прольется, и настанет «день гнева — день этот, день скорби и тесноты, день опустошения и разорения, день тьмы и мрака, день облака и мглы» (Соф. 1:15). Судя по жесткой форме приговора, речь идет о вавилонском завоевании, в котором спустя три или четыре десятилетия исполнятся слова пророка. Временами кажется, что пророчество содержит даже больший смысл, будто в нем сокрыто указание на еще более великое осуждение, которое случится в истории человечества значительно позже. Но людям, которым проповедовал Софония, стоило тревожиться о собственном будущем. Менее чем через одно поколение Иуда и Иерусалим подвергнутся суду.

Почему любящий Бог так резко говорит со Своим любимым народом? Потому что любовь не безразлична. Невозможно мириться со стремлением возлюбленных погубить себя и осквернить цель, ради которой они были созданы. Мягких упреков порой недостаточно, чтобы расшевелить людей, а между тем, решаются вопросы жизни и смерти. На самом деле, настоящая любовь не может действовать иначе. Если сердце человека остановилось, ему поможет разве что дефибрилляция — сильнейшее потрясение для организма. Чтобы воздействовать на духовно пассивных людей, вредящих собственной жизни, нужны поистине шокирующие слова.

Именно поэтому сострадательный, любящий Иисус безжалостно критиковал духовных вождей Своего времени. Безразличное и упрямое сердце — враг жизни, а Иисус пришел, чтобы принести жизнь в полном смысле этого слова, и не только Израилю, но и всему миру. Софония предвосхищает миссию Христа, предсказывая, что к Богу придут разные народы (3:9). Эта глобальная перспектива довольно редко появляется в книгах еврейских пророков; обычно они предсказывают восстановление Израиля и Иудеи и суд над их соседями. До Софонии Исаия, а после него Захария — одни из немногих, кто предвещал спасение за пределами Израиля. Божьему народу предстоит стать центром Его спасительной работы.

На этом заканчивается пророчество Софонии. После жестоких слов осуждения, оно рисует Бога, Который любуется Своим народом (уже восстановленным и очищенным) и даже поет от радости. Бог носит его на руках, как ребенка, и бережно с ним обращается. Да, Он бывает суровым, но Он же и избавляет. Он вернет Свой народ обратно. Через что бы люди ни прошли, Его любовь успокаивает все страхи, а Его сердце преисполнено радости, как у каждого любящего родителя.

### ВОПРОСЫ ДЛЯ РАЗМЫШЛЕНИЯ

Как вы думаете, насколько самодовольна и пассивна современная церковь? В чем опасность такого самодовольства? Почему важно знать, что Бог держит верующих на руках и радуется за них?

## ДЕНЬ 54

# КНИГА ПРОРОКА АГГЕЯ

Большинство людей считают, что главная цель пророчеств — предсказание будущего. А поскольку еврейские пророческие книги почти всегда возвещают ужасное будущее, может создаться впечатление, что пророчество тождественно плохим новостям. На самом же деле пророчество — это попросту Божье слово по конкретной ситуации. Иногда в нем предрекается будущее, иногда даются строгие предостережения, но это вовсе не обязательно. В Новом Завете Павел говорит, что пророчество должно назидать, увещевать или укреплять других (1 Кор. 14:3). Пророчество — это Божий голос, а он может также и вдохновлять нас.

Книга Аггея — это именно то пророчество, которое соответствует описанию Павла. Автор укрепляет, мотивирует и успокаивает своих читателей. Аггей пророчествовал в то время, когда евреи вернулись в Иерусалим из изгнания под руководством Зоровавеля, потомка Давида, а также Иисуса, преемника последнего первосвященника. Сразу после возвращения они начали восстанавливать храм, но зашли в тупик из-за ожесточенного сопротивления местных жителей и апатии Божьего народа. Аггей призывает народ упорно трудиться, чтобы закончить работу, обещая, что обновление завета вернет народу Божьи обетования и Его присутствие. Ничто не может отменить благословения, которые Бог предназначил другим народам через еврейский народ, но евреи должны отдать Ему должное место в своем сердце и жизни.

Мессия придет из дома Давида и принесет Свое Царство миру, как и обещал. Это важнейшее предназначение — не повод для апатии.

Цель Аггея — мотивировать слушателей, стряхнуть с них безучастность и пробудить усердие. Им следует поставить Божью работу выше собственных интересов. Божье присутствие должно значить для них гораздо больше, чем гонка за экономическим благополучием (возможно, в наше время это еще актуальнее, чем во времена Аггея).

Акцент на строительстве храма снова свидетельствует о том, что Бог очень хочет жить среди Своего народа. Это не означает, что Он не был с ним в Вавилоне и Персии, или, задолго до этого, в Египте, или в любом месте, куда бы ни занесло избранный народ. Но Богу угодно определить особое место встречи — сначала это скиния, потом — храм, еще позже — храм нашего тела. Во времена Аггея храм был не просто зданием, а своеобразной проверкой для Божьего народа. Бог хочет пребывать среди людей — а хотят ли этого они? Этот вопрос весьма актуален и в нашей жизни, ведь мы знаем, что Бог прямо выразил Свое стремление постоянно пребывать вместе с нами и в нас. Насколько важно для нас Его присутствие? Если не очень важно, значит, мы находимся в том же положении, что и читатели Аггея.

Если не изменить это положение, последствия будут печальны. Аггей утверждает, что люди уже упустили некоторую часть Божьего благословения, не посвятив себя Ему. Они испытывают финансовые трудности, потому что сосредоточились только на собственном благополучии. Нет дождя, нет урожая. Почему? Потому что дом Бога в запустении (Аг. 1:9). Возможно, нам не всегда стоит связывать успехи и неудачи с состоянием нашей веры — в конце концов, плохие вещи порой случаются с верными Богу людьми и наоборот. Но в этом случае бедность определенно была связана с тем, что люди пренебрегали строительством храма. Сегодня место пребывания Бога изменилось — это не здание храма, а наши сердца, — но истина осталась прежней. Если мы не заботимся о Его присутствии, не стоит удивляться постигающим нас неудачам.

Когда же мы радеем о Божьем присутствии, то видим в своей жизни многообразные проявления Его милости. Подобно Израилю, мы обнаруживаем, что возрождение — не просто утешительный приз на исходе пропащей жизни. Когда Бог восстанавливает нас, мы становимся еще крепче, чем были до падения. Слава нового Божьего храма всегда больше славы прежнего (Аг. 2:9). Точно так же, искупленное человечество имеет более глубокую связь с Богом и большую славу, чем Адам и Ева до грехопадения; после самых ужасных неудач Бог возносит нас выше, чем мы были прежде. Согласно Посланию к римлянам (8:28), Бог все обращает к благу тех, кто любит Его, и это не просто утешение. Это путь к гораздо большим Божьим благословениям.

### ВОПРОСЫ ДЛЯ РАЗМЫШЛЕНИЯ

Насколько мы жаждем Божьего присутствия? В каких наших действиях это проявляется? Что мы можем сделать, чтобы в большей мере ощущать это присутствие? Как Бог реагирует, когда мы отдаем Ему пальму первенства в каждой сфере нашей жизни?

ДЕНЬ 55

# КНИГА ПРОРОКА ЗАХАРИИ

Вскоре после Аггея, призвавшего вернувшихся изгнанников к восстановлению храма, у Захарии был ряд видений на эту же тему. Первые шесть глав его пророчества напоминают сцены из сказок: рыжий конь, летящий свиток, женщина-нечестие в корзине и другие причудливые образы — странные намеки о происходящем за занавесом, который отделяет естественное от сверхъестественного. Эти видения несколько бессвязны, как часто бывает во сне, но они все касаются поклонения, реконструкции храма и Бога, восстанавливающего Свой народ. Одно из наиболее обнадеживающих (и наименее туманных) видений — Иисус (сын Иоседека), первосвященник, стоит перед Богом и выслушивает, как сатана обвиняет его в преступлениях Израиля. Но Господь упрекает сатану и защищает Иисуса; Он одевает его в одежды праведности и наделяет важными полномочиями. Это сильный образ искупления, который и сегодня помогает страдающим от чувства вины. Иисус, сын Иоседека, чист просто потому, что Бог объявил его чистым. Врагу нечего возразить.

Этот взгляд за кулисы духовной жизни открывает сокрытое и, соответственно, вписывается в рамки так называемого «апокалиптического жанра». Книга Откровения подробно цитирует Захарию (а также Даниила и Иезекииля) и перекликается со многими их темами. Эти проблески утешения с небес для тех, кого гнетут обстоятельства. В минуты слабости людям нужно знать, что Бог станет огненной стеной вокруг Иерусалима, в центре которого будет Его слава (Зах. 2:5). Им необходимо видеть эту реальность.

Последние шесть глав Книги Захарии насквозь мессианские. Новозаветные авторы черпают оттуда множество цитат: о Царе-Спасителе, восседающем верхом на осле; о пастухе, преданном за тридцать сребреников; о другом пастухе, которого поразили, и его овцы рассеялись; о том, как Божий народ взирает на того, кого они пронзили. Захария предвещает конец всего, когда Господь будет стоять на горе Елеонской, а землетрясение изменит ландшафт и наполнит землю живой водой, текущей из Иерусалима. Захария показывает нам картину настоящих и будущих действий Мессии больше всех остальных ветхозаветных пророков, за исключением Исаии.

Сила Божьей любви к Своему народу у Захарии также описана ярче, чем в большинстве других книг. Пророчество называет Его возлюбленную зеницей Его ока (Зах. 2:8) и в страстных словах рассказывает о ревности Бога к Своему народу (Зах. 8:2). У многих людей идея о Божьей ревности вызывает дискомфорт — разве Богу подобает столь пылкое чувство? Но мы уже видели на страницах Писания, что любовь Его горяча. Когда истинную любовь отвергают ради мелочных интрижек, ревность более чем уместна. Бог требует верности от Своей возлюбленной, и пророчества Захарии призваны донести до нее это требование.

Все препятствия для наших отношений устранены Богом. У нас весьма скромные способности? Это неважно, ведь дело не в могуществе или силе, а в Божьем Духе (Зах. 4:6). Наши успехи невелики? Никто не должен считать этот день маловажным (Зах. 4:10). Нам недостает праведности? Праведность — Божий дар, а не плод человеческих усилий (Зах. 3:1–2). Бог дал людям абсолютно все необходимое. Все, что им остается, — это обратиться к Господу, и Он обратится к ним (Зах. 1:3). Когда мы наконец-то доверимся Богу всем сердцем, Он будет рад перекрыть пропасть между нами.

ВОПРОСЫ ДЛЯ РАЗМЫШЛЕНИЯ

Что вы чувствуете, когда думаете о том, что Бог ревнует о вашем сердце? Что должно случиться в вашем сердце, чтобы оно безоговорочно ответило на Божью любовь?

## ДЕНЬ 56

# КНИГА ПРОРОКА МАЛАХИИ

Аггей и Захария пророчествовали о мессианской эпохе, когда Божье присутствие станет явным, а влияние Его народа — всеобъемлющим. Примерно через восемьдесят лет у людей были все основания разувериться в этих пророчествах. Бог не наполнил Свой храм никаким особым присутствием, чудеса прекратились, Иуда остался небольшой территорией на обочине огромной империи. Где же Бог славы?

«Он идет» — сообщает Малахия, пророк, чье имя означает «мой посланник». Это современник Ездры и Неемии, сыгравший свою роль в том, чтобы повернуть безучастные сердца к Господу. Особое внимание он уделяет завету: Бог остается верен, но Его народ неверен — в поклонении, в отношениях друг с другом, в своих браках. Бог избрал Иакова — дом Израилев — среди всех других. Но избранники сомневаются в Божьей преданности, Его присутствии и даже в Его справедливости. Они видят, что зло процветает, и делают вывод, что это больше не волнует Бога. А раз так, то им тоже все равно. Священники безответственно относятся к жертвоприношениям, которые люди совершают разве что из чувства долга. Уважаемые руководители общества неверны женам. Малахия же говорит, что Бог ненавидит развод (хотя Ездра и Неемия убеждали развестись с женами-язычницами и отправить их прочь). Евреи живут так, как и многие наши современники: внешне они религиозны, но в глубине души сомневаются в Боге.

Именно поэтому, по мнению Малахии, Бог не принимает их жертвы. Но всем, кто спрашивает, где же Бог, и оплакивает отсутствие славы во втором храме, Малахия сообщает: Господь идет в Свой храм. И посланник завета также идет. Но Бог идет, чтобы очищать огнем, а не для удовлетворения религиозного любопытства. Он очистит Свой народ.

Это радостная весть для тех, кто искренне любит Бога, и пугающая для тех, кто не до конца Ему предан. Малахия призывает обратиться и приступить к очищению уже сейчас. Если люди перестанут «обкрадывать» Бога (Мал. 3:8–9), Он тоже будет с ними безгранично щедр. Если они поймут, какие требования налагает завет с Богом на отношения с Ним и друг с другом, они сполна испытают все преимущества этого завета. Если они будут справедливы друг к другу, то непременно дождутся Божьей справедливости, даже если кажется, что Он с ней медлит.

В каком-то смысле Бог позволяет нам выбирать характер отношений с Ним. Если в нас нет милосердия, верности и щедрости, значит, и мы не ощутим на себе Его милосердия, верности и щедрости. Конечно, Божий характер неизменен, но благословения Его Царства часто зависят от того, принимаем ли мы уклад этого Царства. Когда мы подражаем Его доброте, Он являет нам еще больше доброты.

Книга Малахии — последнее записанное пророчество Ветхого Завета, поэтому логично, что Малахия — посланник, готовящий путь Мессии. Илия придет обратить сердца отцов к детям (Мал. 4:5–6) — Сын Божий придет примирить Отца с падшим человечеством, очень мало знающим о Его сердце. Проклятие, поражавшее людей всю историю, — в том числе и Божьих людей, — наконец-то будет снято.

ВОПРОСЫ ДЛЯ РАЗМЫШЛЕНИЯ

Случалось ли вам разочаровываться Божьей работой в вашей жизни? Как вы думаете, что сказал бы Бог о ваших обманутых надеждах? Каким образом и насколько наш образ жизни определяет то, как Бог относится к нам?

ДЕНЬ 57

# НОВЫЙ ЗАВЕТ

Более 400 лет (которые многие называют «годами молчания») прошло со времени пророчеств Малахии до наступления эпохи Нового Завета. Очень сложно представить, чтобы живое Слово молчало; Бог вполне мог обращаться к некоторым людям в течение этих столетий, не вдохновляя их на написание еще одной книги Писания. На самом деле не много событий произошло за эти столетия, пока Бог готовил свой народ к приходу Мессии. Человеческие потребности и разочарования возросли, усилились ожидания. Ведь по достижении полноты времени, к моменту прихода Мессии, имеющие уши должны были услышать, а имеющие глаза — увидеть.

Период ожидания не был простым для иудеев. Предсказания последних пророков еще не исполнились. Божий народ продолжал жить под чужеземным господством, однако это господство постоянно менялось — Персия, Греция, Рим и подчиненные им правители из Птолемеев и Селевкидов. У евреев было несколько побед в этот период. Главная из них отмечается в Хануку — празднование восстания Маккавеев против тирана из Селевкидов, осквернившего храм. Но, в большинстве своем, они ждали. Мы увидим их ожидание на примере двух человек из Евангелия от Луки. Пророчица Анна и праведный Симеон были достаточно восприимчивы к Святому Духу, чтобы признать Спасителя в Младенце Иисусе, когда родители принесли Его в храм, чтобы посвятить Богу. Мы увидим также, что долгое ожидание породило множество вопросов и сомнений о взрослом Иисусе: был ли Он тем пророком, о котором говорил Моисей, «Илией», предсказанным Малахией, или долгожданным Мессией. Мы видим в Евангелии, что многие люди ждали Спасителя, а некоторые даже провозглашали себя Им. Но лишь одна Личность оставила необыкновенный след в истории.

В это время между двумя Заветами ощущается глубокая боль поражения и тоска по тому, кто мог бы спасти положение. Мир вынашивал надежду на Божье вмешательство и чувствовал его давно назревшую необходимость. По сути, именно на образ «вынашивания» и «рождения» позже ссылается новозаветный автор, объясняя, что Иисус пришел по наступлению полноты времени (Гал. 4:4). На фоне расцвета и заката цивилизаций, в период отсрочки исполнения пророчеств люди молили о Спасителе.

Это не просто рассказ о веках, предшествовавших приходу Иисуса, — это и наша история. Мы все нуждаемся в Спасителе. Мы хотим жить полноценной жизнью, чтобы все вокруг происходило так, как должно быть, мы хотим избавиться от боли и опустошенности. Конечно, некоторые люди принимают решение быть независимыми, самостоятельно решать, как им жить, но в глубине души они понимают, что существование без Бога никуда не ведет, оно бессмысленно. Мы созданы для вечной жизни, в нас заложено стремление к вечности, и мы не можем быть полностью удовлетворены в мире бессмысленной смены цивилизаций. Если опыт чему-то нас и учит, так это необходимости видеть смысл и цель. Если мы и взяли что-то из еврейских Писаний, это возможность обрести смысл и цель. У нас есть законное право ожидать времени разрешения и выполнения, когда будет исправлено все поломанное и больше не будет слез и боли. Наше сердце и наша вера позволяют нам надеяться на исполнение Божьего Слова. Тот, Кого желают все народы, уже близко. Как сказал мудрый человек: «Надежда, долго не сбывающаяся, томит сердце, а исполнившееся желание как древо жизни» (Притч. 13:12). В книгах Нового Завета эти стремления начнут воплощаться.

### ВОПРОСЫ ДЛЯ РАЗМЫШЛЕНИЯ

В каких случаях вам особенно необходимо видеть смысл и цель в жизни? Как сильно вы хотите, чтобы Бог проявил Себя в вашей жизни и показал, как поступать правильно? Почему Бог иногда ждет так долго, чтобы исполнить Свои обещания?

ДЕНЬ 58

# ЕВАНГЕЛИЕ ОТ МАТФЕЯ, 1–16

Как и все авторы Евангелий, Матфей преследует определенную цель. Он хочет, чтобы евреи увидели в Иисусе Мессию из еврейских пророчеств, наследника царства Давида и исполнение Божьего обетования, данного Аврааму. Язычникам же он хочет показать в Иисусе Спасителя всего мира, а не только евреев. Конечно, это очень широкий план, но ведь он рассчитан на не менее широкую аудиторию. И евреи, и язычники, слышавшие об Иисусе, до сих пор пытаются понять, кто Он.

Итак, автор этого Евангелия сегодня известен нам как Матфей, но в обычной жизни его называли также Левием. Он соединяет изложение событий и слов Иисуса с созданием общей картины Царя, посланного Богом. Представив генеалогию в качестве доказательства, что Иисус является потомком Давида, Матфей приступает к рассказу о рождении Христа. Кроме него об этом событии рассказал лишь Лука. В рождении Христа Ирод Великий увидел для себя угрозу и попытался устранить соперника. Последовала череда событий, напоминающих начало жизни Моисея, с жестоким убийством невинных детей. Но Бог предостерег Марию и Иосифа в снах, сохранив жизнь им и Младенцу.

Повзрослев, Иисус открылся как Сын Божий во время крещения. Он тут же встретился с еще одним врагом, попытавшимся соблазнить Его и поставить под сомнение Его сущность. Но Христос преодолевает препятствия и начинает Свое меняющее мир служение с изложения собственного учения, пример чего мы видим в Нагорной проповеди. Он провозглашает Царство, которое в корне отличается от того, чего ожидал Ирод и еврейский народ. В Евангелии от Матфея в учении Христа открываются моральные особенности Его Царства, а в чудесах Христа — Его власть. В первых же словах Иисус сообщает, что Царство близко, а оставшаяся часть Евангелия показывает нам, насколько оно близко.

Снова и снова Матфей приводит слова Иисуса о том, на что похоже Его Царство: на горчичное зерно, на закваску, на сокровище, спрятанное в поле, или на заброшенный в море невод. Иисус описывает, какие отношения наглядно демонстрируют суть Царства и потому угодны Богу. Он отправляет Своих учеников провозглашать это Царство: «Ходя же, проповедуйте, что приблизилось Царство Небесное; больных исцеляйте, прокаженных очищайте, мертвых воскрешайте, бесов изгоняйте — даром получили, даром давайте» (Мф. 10:7–8).

Очевидно, что Иисус послан Богом. Но тот ли Он самый, единственный Мессия? Иоанн Креститель, находившийся в тюрьме, не был уверен, что Иисус — Мессия, освобождающий узников. Даже чудеса Иисуса не убедили жителей Вифсаиды и Хоразина обратиться к Нему. Между тем, против Иисуса зреет оппозиция. Религиозные лидеры по большей части видят в этом нарушителе субботы и рассказчике притч угрозу и источник проблем. Все более актуальным становится вопрос, кто этот Мессия и какое Царство Он представляет.

Эта напряженность проходит красной линией через все Евангелие от Матфея и достигает кульминации в сцене, случившейся в отдаленных северных районах Израиля. Иисус просит Своих учеников сказать, кем они Его считают, и Петр отвечает: «Ты Мессия, Сын Бога живого». Иисус настойчиво просит учеников пока что сохранить это в тайне и направляется в сторону Иерусалима для выполнения зловещей и сложной для понимания миссии. Он идет туда умирать.

Да, к таким царям люди не привыкли. Ожидания израильтян насчет своего будущего правителя были не столько ошибочными, сколько несвоевременными. Иисус еще возьмет на Себя роль правителя, но позже, когда вернется победителем. Пока же Он идет к власти совершенно неожиданным путем: через предельное унижение. Вопрос, который Он задает Своим ученикам в Евангелии от Матфея (16:15) — «А вы за кого почитаете Меня?» — актуален до конца этой книги, всего Нового Завета, и даже до сегодняшнего дня. Мы почти постоянно слышим его отголоски в собственной жизни. Кто такой Иисус на фоне моих сегодняшних проблем? Кто Он в моих отношениях? Кто Он среди мечтаний и желаний, переполняющих мое сердце? Даже после того как однажды мы ответили на этот вопрос, в момент обращения к Нему, нужно продолжать задавать его себе каждый день, во всех практических решениях. Царство Божье должно стать реальностью в каждой сфере нашей жизни.

### ВОПРОСЫ ДЛЯ РАЗМЫШЛЕНИЯ

Какие аспекты Божьего Царства для вас важнее всего? Как Иисус утверждает Свое Царство в вашей жизни? Как Он действует в мире вокруг вас?

## ДЕНЬ 59

# ЕВАНГЕЛИЕ ОТ МАТФЕЯ, 17–28

Вскоре после важного признания, что Он есть Мессия, Иисус в обществе трех учеников поднялся на гору и преобразился на их глазах. Ученики увидели Его вместе с Моисеем и Илией в измененном состоянии вечной славы, Его сияние было одновременно ослепительным и пугающим. И снова Иисус велит Своим последователям никому не рассказывать об увиденном, Он тщательно оберегает тайну Своей личности. Позже мы увидим, что случится, когда толпа признает в Нем помазанного царя. Он въедет в Иерусалим верхом на осле — в этом было указание на Давида и мессианский подтекст, — и в течение всего лишь недели приветствовавшая его толпа разочаруется, когда Он откажется жить в соответствии с ее политическими ожиданиями. Иисус знает, что между восторгом толпы и Его смертью пройдет совсем немного времени. Люди крайне непостоянны.

Пока же ученики соглашаются не делиться ни с кем знаниями о том, Кто такой Иисус. Они и сами не понимают Его загадочных предсказаний смерти. Они слышат, как Он нелицеприятно обвиняет религиозную элиту и заявляет, что Бог прогонит лицемеров и отдаст власть в руки людей, в чьих сердцах правда. Иисус полностью пересматривает понятие богоизбранного народа: намекает, что в его число войдут многие представители других национальностей, а не только евреи. Хоть Он и говорит, что пришел спасти погибших овец дома Израилева, к концу Евангелия мы видим распространение Его миссии на всех людей. Он посылает Своих учеников научить все народы, и в судный День все они предстанут перед Ним. Бог не отменял данного Израилю обещания, но Мессия гораздо меньше сосредоточен на израильтянах и гораздо больше, чем полагали еврейские мудрецы разных времен, милостив к посторонним.

Иисус произносит весьма суровые слова в отношении израильских лидеров и, в более широком смысле, всей нации. Он предсказывает опустошение Иерусалима и разрушение Храма в течение всего лишь одного следующего поколения. Всеобъемлющий подтекст Его слов о суде широко обсуждается и сегодня. Касается ли «кончина века» из двадцать четвертой главы Евангелия от Матфея только Израиля или всего рода людского? Придет ли бедствие лишь на еврейские территории или коснется всего мира? Рисует ли Иисус картину суда над Иерусалимом или над всем человечеством? Многие из Его слов явно касаются Израиля, другие же выходят за эти пределы, но все они неизменно вызывают много эмоций.

Дальше следует подробное изложение предательства, суда, распятия и воскресения Иисуса. По крайней мере, четверть своих отчетов все авторы Евангелий посвятили событиям этой последней критической недели, и это закономерно, ведь Крест и Воскресение — основополагающие моменты человеческой истории. Именно эти события демонстрируют суть провозглашенного Иисусом Царства, в котором последние станут первыми, простодушные люди обретут Божью мудрость, слуги будут возвышены, а к жизни можно будет прийти лишь через принятие своего креста и смерть. Ценности этого Царства кардинально противоположны ценностям нашего мира, и победа Мессии над смертью доказывает это.

Евангелие от Матфея заканчивается тем, что Иисус обретает всю власть на Небе и на земле. Облеченный силой, Он дает Своим ученикам священное поручение, которое важно выполнить до Его возращения. Они должны принести Его Царство всем народам, а не только Израилю. Но они не просто посланники, а полноправные участники воплощения Его плана. Они должны идти во Имя Его, наделенные Его полномочиями, в силе Его присутствия. Он же обещает им быть рядом до скончания века.

Это и наша с вами миссия. Многие сводят ее к «передаче информации», но она гораздо шире. Наша миссия — не только рассказать и обучить; нам нужно жить в силе Воскресения, с властью Владельца ключей от Царства. Присутствие Иисуса в нас должно быть ощутимо даже для других людей. Иисус явил Благую весть всей Своей жизнью; это же должно произойти и с нами. Наша задача — не просто рассказывать Благую весть, а жить ею. Когда мы это делаем, люди тянутся к Царству, поскольку видят рядом с нами Царя.

### ВОПРОСЫ ДЛЯ РАЗМЫШЛЕНИЯ

В чем радикальное отличие ценностей Царства Иисуса Христа от ценностей этого мира? Насколько трудно придерживаться принципов Божьего Царства, живя в мире? Как нам воплощать в своей жизни Благую весть?

ДЕНЬ 60

# ЕВАНГЕЛИЕ ОТ МАРКА

Первые восемь стихов Марк посвящает Иоанну Крестителю, а затем сразу переходит к служению Иисуса. Компактно, в двух главах, рассказано о том, как Иисус собирает учеников, провозглашает Свою цель (Он пришел ради грешников, а не праведников), показывает Свою власть над болезнями и утверждает Свое господство даже над субботой, которая установлена Законом Божьим. Такой стремительный темп поддерживается в течение всей книги и демонстрирует полномочия Христа не столько Его учением, сколько действием Его силы. Евангелие от Марка сосредоточено на действии. Автор часто использует слово «тотчас», подчеркивая, что Иисус совершил множество великих дел за короткое время. Довольно быстро выясняется, что Иисус имеет власть над демонами и бурями — наиболее пугающими аспектами духовного мира и природы. Он способен очищать прокаженных и противостоять религиозным лидерам. Он сумел исцелить свекровь Петра. Он — ответ на каждую нашу физическую и духовную потребность.

В этом Евангелии также изложены отдельные моменты учения Иисуса, но их немного. Это весьма интересно, ведь основная цель книги — призвать людей к ученичеству. Но что за ученичество без наставления? Как нам следовать за Иисусом без детального объяснения, чего Он хочет от нас?

По-видимому, Марк считает, что мы можем следовать за Христом, просто наблюдая за Ним. Это обучение, основанное на подражании. Нас приглашают не просто усвоить новую информацию или изменить поведение, а всецело принять Иисуса таким, какой Он есть в реальной жизни. Последователи Иисуса должны смотреть на Него и повторять те действия, которые они видят.

В Евангелии от Марка мы видим сверхъестественные дела милосердия и сострадания, а также полное самопожертвование. У Марка, как и у Матфея и Луки, мы видим потрясающую готовность Иисуса принять одну из ужаснейших казней Римской империи — распятие. Он объясняет ученикам, что Его смерть — это жертва за них. Конечно, они были сбиты с толку Его словами: «Возьми свой крест и следуй за Мною» (Мк. 8:34). «Разве у нас есть крест?» — должно быть, думали они. Лишь десятилетия спустя они, наконец, поняли значение Его слов.

Иисус также хочет, чтобы Его ученики строили свою жизнь на основании безоговорочной веры. «Что вы так боязливы? Как у вас нет веры?» — говорит Он Своим ученикам после бури (Мк. 4:40). К начальнику синагоги Он обращается такими словами: «Не бойся, только веруй» (Мк. 5:36). К народу Он взывает: «О, род неверный! Доколе буду с вами? Доколе буду терпеть вас?» (Мк. 9:19). Наконец, Он наставляет слушателей: «Имейте веру Божию... Все, чего ни будете просить в молитве, верьте, что получите, — и будет вам» (Мк. 11:22, 24). Он упрекает учеников, не поверивших в Его воскресение даже после показаний свидетелей (Мк. 16:14), но при этом Он одобряет старание верить изо всех сил, даже борясь с сомнением (Мк. 9:24). Иисус понимает, как трудно нам верить, и Он терпелив к нам. Но Он определенно повелевает нам верить.

Верить в Иисуса вполне разумно, ведь Марк и другие евангелисты показывают нам убедительную картину Его полной власти над всем. В нашей жизни не существует проблемы, с которой бы Он не мог справиться. Для Иисуса нет непреодолимых преград, неисцелимых ран, отношений, которые невозможно восстановить, штормов, которые нельзя утихомирить. Христос может выручить нас из любого затруднительного положения, для Него не бывает слишком серьезных кризисов или непобедимых врагов. Он единственный, Кого жаждут наши души и Кому мы можем безоговорочно доверять.

ВОПРОСЫ ДЛЯ РАЗМЫШЛЕНИЯ

В каких ситуациях вам необходимо услышать слова Иисуса: «Не бойся, только веруй»? Почему это повеление уместно в любой сфере нашей жизни? Зачем Бог сделал веру необходимым аспектом отношений с Ним?

ДЕНЬ 61

# ЕВАНГЕЛИЕ ОТ ЛУКИ: СЛУЖЕНИЕ ИИСУСА

Лука пишет в стиле греческого историка, собирая информацию из разных источников, подобно тому как журналист искал бы сведения, готовя материал о важном лице. Лука, как и Матфей, использует в качестве первоисточника Евангелие от Марка, но при этом исследует и другие материалы, опрашивает очевидцев и старается составить максимально подробный и точный отчет. Он начинает свое повествование с наиболее подробного во всей Библии описания рождения Иисуса. Лука дает возможность составить впечатление о людях, лишь вскользь упомянутых в других евангелиях: о родителях Иоанна Крестителя; Марии, матери Иисуса; двух свидетелях Его мессианского призвания, присутствовавших при Его посвящении в храме; о женщинах, поддерживавших Его в служении; о сборщике налогов Закхее и многих других людях. Как и другие евангелисты, Лука показывает власть Иисуса над болезнями, бесами и природными явлениями, а также описывает Его основные заявления и характер Его миссии. В этом Евангелии представлены глубоко личные подробности, которых нет у других авторов Нового Завета.

Лука делает упор на изгоях общества, с которыми имел дело Иисус. В других Евангелиях также уделено внимание тому, как Иисус сострадал бедным, больным и «нечистым», но Лука идет дальше, показывая, что Мессия пришел для каждого без исключения. В служении Иисуса женщинам и язычникам для нас сегодня нет ничего необычного, но для первых читателей Луки это было чем-то из ряда вон выходящим. Матфей описывает миссию Царя и характер Его Царства, Марк сосредоточивается на власти Царя, Лука же уделяет особое внимание тому факту, что Иисус — Царь изгоев, оскверненных, ужаснейших грешников, лояльных к ненавистным римлянам евреев, оборванных пастухов и даже самаритянских прокаженных. Евреи ожидали Мессию из религиозной элиты или, по крайней мере, того, кто найдет с ней общий язык. Но Иисус нашел больше верности и любви среди низших слоев общества, которыми религиозная элита пренебрегала. Отбросы общества, маргиналы — их Иисус возвысил до уровня граждан Царства. Не из-за самого факта бедности или отверженности, но потому что они поверили Ему и последовали за Ним. Их сердца оказались благодатной почвой для семян Царства. Они стали ярким примером разницы между ценностями Божьего Царства и ценностями нашего мира.

Каждый, кто хочет стать последователем Иисуса, должен хорошо понять это различие. Он относится к людям не так, как мы. Он по-другому видит мир. Он иначе понимает вечность. Мы говорим о своей преданности Иисусу и в то же время стараемся удовлетворить свои мирские потребности. Мы оцениваем людей, даже в церкви, по их прошлому, а не по их потенциалу. Мы стремимся продвигаться наверх, забывая, что наш главный Образец для подражания показал, что путь наверх на самом деле ведет вниз — это служение, смирение, жертвенность. Если бы Евангелия не стали для нас чем-то давно привычным, они бы взорвали наши умы и перевернули наши представления.

Евангелие от Луки также проливает свет на ту Силу, которая стоит за служением Иисуса (и она же позволяет нам следовать за Ним и вершить Его дела). Лука упоминает Святого Духа в два раза чаще, чем любой другой евангелист, и продолжает эту тему в своей следующей книге, Деяниях апостолов, которую метко прозвали «Деяниями Духа». Евангелие от Луки заканчивается обещанием Иисуса послать Своим последователям Святого Духа и наполнить их силой с Небес. В Деяниях мы увидим исполнение этого обещания, но главное для нас, что мы можем видеть это и сегодня. В Евангелии от Луки Дух наполнял Иоанна, Марию, Елизавету, Захарию, Симеона и самого Иисуса. Иисус пообещал, что Отец даст Духа всякому, кто попросит. Евангелие от Луки заканчивается призывом ожидать обещанное. Сила Царства ныне доступна для всех, кто верит.

### ВОПРОСЫ ДЛЯ РАЗМЫШЛЕНИЯ

Как следование за Иисусом меняет наше представление о людях? Как оно меняет наш взгляд на мир?

ДЕНЬ 62

# ЕВАНГЕЛИЕ ОТ ЛУКИ: ПРИТЧИ ИИСУСА

Матфей и Марк тоже пересказывают нам притчи Иисуса, но именно Лука проявляет особый интерес к этому методу обучения истинам. Если бы не Лука, мы бы не узнали о блудном сыне, добром самаритянине, богатом глупце или нищем Лазаре. Эти яркие истории содержат важнейшие моменты учения Иисуса.

Многие из этих притч Иисус произнес во время Своего путешествия в Иерусалим, которое Лука описал в главах с девятой по девятнадцатую. Две притчи посвящены настойчивости в молитве. В одиннадцатой главе рассказывается о мужчине, который стучит в дверь соседа посреди ночи, пока тот не открывает и не дает ему хлеба. В восемнадцатой главе — вдова не отстает от несправедливого судьи, пока тот не выполняет свою работу. Первую притчу Иисус рассказал, чтобы призвать своих учеников не прекращать «стучать», искать и просить, пока они не получат необходимого. Вторая притча призывает непрестанно молиться и не сдаваться. Бог — не сонный сосед и не неправедный судья. Тем не менее, Он отвечает настойчивым. Иисус ясно говорит, что никогда не следует сдаваться.

Иисус также рассказал несколько притч о смещенных приоритетах, особенно в отношении денег. В двенадцатой главе состоятельный земледелец думает лишь о постройке больших амбаров и накоплении богатства, не понимая, что его жизнь подходит к концу, и он неправильно распоряжается своими ресурсами. В шестнадцатой главе богач, которому незнакомо сострадание, не замечает на пороге своего дома нищего. Страдания загробной жизни доказывают богачу его глупость, но слишком поздно. Он пренебрег Божьей истиной в стремлении к удовольствиям земной жизни, и последствия оказались трагичными.

Иисус пришел не просто поддержать бедных. Он пришел, чтобы спасти заблудших — пленников греховного мира. В ответ на жалобы религиозных учителей, что Иисус общается с людьми сомнительной репутации, Он обращается к этим учителям с тремя обличающими их притчами. Это истории о пастухе, оставившем девяносто девять овец, чтобы найти одну потерявшуюся; о женщине, обыскавшей весь дом из-за одной потерянной драхмы; и самая известная — о блудном сыне. Это история отца двух сыновей, один из которых выбрал безрассудную жизнь, но в конце концов вернулся домой. Старший же сын устроил скандал из-за вечеринки, устроенной отцом для недостойного младшего сына. В каждой из этих притч отражены важные моменты миссии Христа и Божья радость о спасенных людях. Однако притча о блудном сыне захватывает наше воображение сильнее других: в ней так ярко видны глупость младшего сына, любящее сердце отца и зависть старшего сына. Как и мы порой, оба сына не вполне понимают, что такое отцовская любовь и что значит их сыновство.

Притчи Иисуса наделены бесценным смыслом, но даже тот факт, что их так много, важен сам по себе. Наше сердце лучше всего учится на историях. По этой причине Бог не передал нам учебник по богословию или перечень правил и норм. Он дал нам книгу, полную настоящей жизни и реальных встреч с Иисусом. Уроки, усвоенные из историй, остаются с нами на долгие годы. Вот почему Иисус учил притчами, а слов Закона и пророков оказалось недостаточно, чтобы нас изменить. Мы нуждаемся в воплощенном Боге, настоящей встрече с Отцом, вошедшим в нашу жизнь. Нам важно увидеть истину, а не только услышать ее. Нам нужен обетованный Эммануил, «Бог с нами». Мы нуждаемся в опыте общения с живым, реальным Иисусом. И, согласно Луке, Бог все это нам дал.

ВОПРОСЫ ДЛЯ РАЗМЫШЛЕНИЯ

Как притчи Иисуса меняют наше представление о молитве? А наше представление о себе как о Божьих детях?

ДЕНЬ 63

# ЕВАНГЕЛИЕ ОТ ИОАННА, 1-12

Не нужно много времени, чтобы заметить существенное отличие Евангелия от Иоанна от остальных. Оно начинается с отголоска Бытия и с первых же слов представляет Иисуса в качестве извечного Сына Божия, творческой силы Вселенной, мудрости и света, от которых произошло все сущее. Другие Евангелия постепенно вплетают откровение об Иисусе в свои строки, но Иоанн сразу с него начинает, а дальше лишь углубляет. Он тщательно отбирает для своего Евангелия истины, события и «знаки», отражающие отношения между тьмой и светом, видением и верой, Отцом и Сыном. Откуда этот свет исходит и куда идет? Кого можно считать действительно верующим и на чем основана истинная вера? Кто есть истинный Сын Отца и какие тому есть свидетельства? Все эти темы мастерски вплетены в Евангелие от Иоанна.

Многие события и персонажи встречаются только здесь: превращение воды в вино на свадьбе в Кане Галилейской; ночной приход к Иисусу фарисея Никодима; встреча у колодца с самаритянкой; исцеление калеки в купальне Вифезда; обвиненная в прелюбодеянии женщина; друг Лазарь, умерший и воскресший к жизни. Все это породило споры о том, кто такой Иисус на самом деле. Он делает семь заявлений о Себе, каждое из которых указывает на Его уникальную роль как Бога во плоти. Он — истинный хлеб с небес, сошедший в мир свет, добрый Пастырь и так далее. Самое невероятное из этих утверждений касается не роли Иисуса, а Его вечной природы: «Истинно, истинно говорю вам: прежде, нежели был Авраам, Я есмь» (Ин. 8:58). Оно вызвало бурную реакцию противников Иисуса, однако Ему удалось уйти от них целым и невредимым.

В Евангелии от Иоанна Иисус гораздо больше, чем в других Евангелиях, углубляется в богословские дискуссии со Своими оппонентами, ведет гораздо больше личных бесед. Иисус и религиозные лидеры спорят о том, кто чей отец: Он называет их сынами дьявола (Ин. 8:44), а они говорят, что Он одержим (Ин. 8:48). Иисус говорит, что исполняет волю Своего Отца (Ин. 5:19), а чуть дальше описывает эти отношения как очень близкие: «Я и Отец — одно» (Ин. 10:30). Вопрос отцовства и происхождения Иисуса часто всплывает в разговорах, и в качестве ответа Иоанн со всей определенностью указывает: в Иисусе Бог облекся в человеческую плоть. Ни в какой другой книге Писания эта истина не выглядит более очевидной: Иисус — Бог и достоин поклонения.

В картине воплощения мы видим, что Бог готов на все ради восстановления отношений со Своим народом, ради глубокого и близкого общения с ним — эта тема станет ключевой во второй половине книги. Но и в первой половине Евангелия от Иоанна Иисус не раз затрагивает эту истину: «Вот дело Божие: чтобы вы веровали в Того, Кого Он послал» (Ин. 6:29); Его овцы слышат Его голос: «Я — Пастырь добрый и знаю Моих, и Мои знают Меня» (Ин. 10:4, 14); «И познаете истину, — то есть, Его Самого, — и истина сделает вас свободными» (Ин. 8:32). В этом Евангелии об отношениях говорится гораздо больше, чем в трех остальных, поэтому оно позволяет глубже заглянуть в сердце Бога.

Неудивительно, что многие выбирают Евангелие от Иоанна для знакомства с жизнью Иисуса и обретения более близких отношений с Ним. Лейтмотив «Бог с нами» присутствует во всех Евангелиях, ведь Он пришел, чтобы обратить нас к себе; но Иоанн показывает наши с Ним отношения на совершенно ином уровне. Они начинаются с рождения свыше, с нового взгляда на Бога и жизнь, с того, чтобы пить живую воду и есть хлеб с Небес — Его тело и кровь. Иными словами, мы становимся единым целым с Иисусом, как Он един с Отцом. Эти отношения гораздо глубже, чем мы когда-либо могли себе представить.

### ВОПРОСЫ ДЛЯ РАЗМЫШЛЕНИЯ

Какие вы видите подтверждения того, что Евангелие от Иоанна наиболее сосредоточено на отношениях? Как оно доказывает, что Бог хочет, чтобы мы Его знали?

ДЕНЬ 64

# ЕВАНГЕЛИЕ ОТ ИОАННА, 13-21

В первой части Евангелия от Иоанна мы читаем о воскрешении Лазаря и о последствиях. Видимо, возвращение людей из мертвых — довольно опасное занятие. А может, противников Иисуса разозлило то, что Он назвал Себя воскресением и жизнью. В любом случае, появились желающие убить Лазаря (чтобы скрыть доказательства воскрешения) или Иисуса (чтобы прекратить так называемое «богохульство»). Кое-кто уверовал, а другие, наоборот, предпочли не верить. Как бы то ни было, Иисус пришел не осудить мир, а спасти его.

К началу тринадцатой главы бурные споры об Иисусе в разгаре. Начинается последняя неделя Его жизни, которую Он провел в окружении ближайших последователей. Он показывает Себя как слуга, омывая ноги ученикам, и просит их так же служить друг другу. Иисус предсказывает, что один из Его двенадцати ближайших последователей предаст Его, а затем произносит прощальную речь — наиболее полную и содержательную из всех, приведенных в Писании. Она записана в главах с четырнадцатой по шестнадцатую.

Самое удивительное в рассуждениях Иисуса — слова, что для Его учеников будет лучше, если Он уйдет. Только так Он сможет послать Своего Духа, который будет жить внутри каждого из них. Ученики смогут совершить больше великих дел, чем Иисус мог бы сделать один. Дух даст утешение и совет, направит к истине, сообщит о грядущих событиях. Для последователей Христа Он будет внутренним источником информации о Боге, Царстве и мире. И это станет не менее реальной, и даже более мощной, помощью, чем физическое присутствие Иисуса среди них.

После Своего ухода Иисус будет готовить место для тех, кто последует за Ним, как жених и его отец готовят место в семейном гнезде для невесты. Сокровенные особенности этих отношений рассматриваются с нескольких точек зрения: Иисус снова и снова говорит о Своей любви, любви Отца и любви Своих учеников. Иисус — истинная виноградная лоза (отсылка к сравнению Израиля с Божьим виноградником, которое провел в свое время Исаия), а Его последователи — ветви, получающие от Него жизнь. Они должны не просто оставаться с Ним или жить для Него, но пребывать в Нем. Таким способом Отец являет себя верующим, так они получают ответы на свои молитвы, так они могут приносить плоды вечно.

Была и отрезвляющая новость: последователи — невеста, ветви, все любящие Бога — столкнутся с серьезным противостоянием в мире, хоть Иисус и победит его. Иисус провозглашает победу над князем мира сего, но также намекает, что этот князь просеет Его ученика Петра, как пшеницу. С одной стороны, победа уже получена, а с другой — еще не совсем, и это создает напряжение; но последователи Иисуса непременно победят, потому что Он побеждает. Полнота этой победы видна в молитве Иисуса к Отцу (глава 17), в которой Он высказывает удивительные просьбы: например, разделить Его славу с учениками и сделать их едиными, как Он един с Отцом. В этих словах содержится глубокая тайна, они говорят о мистическом союзе между человеческим и божественным, союзе, воплощенном во Христе и, по Его молитве, в тех, кто Его любит. Другими словами, мы становимся с Ним единым целым, полностью разделяя Его жизнь. Сошедший в мир Свет пребывает в сердцах тех, кто верит.

Не многие из нас понимают природу этих отношений, но мы призваны, чтобы прожить их на практике. Рожденные от Духа жаждут их и находят в них счастье. Может возникнуть соблазн смягчить слова Иисуса из Евангелия от Иоанна — возможно, из-за потребности все объяснять или, может быть, потому что наш опыт не соответствует сказанному, — но эти слова продолжают затрагивать самые глубины нашего сердца. Они указывают на неисчерпаемую возможность жить в единстве с Самим Богом. Они указывают путь к другому источнику жизни, из которого мы не могли черпать раньше.

### ВОПРОСЫ ДЛЯ РАЗМЫШЛЕНИЯ

Как сказывается единство с Иисусом на нашем мироощущении? На наших действиях? На наших отношениях? Как мы можем черпать жизнь из Него?

## ДЕНЬ 65

# ДЕЯНИЯ АПОСТОЛОВ, 1–12

В первых стихах Книги Деяний Лука как бы делает ее краткий обзор, цитируя слова Иисуса перед вознесением: «Но вы примете силу, когда сойдет на вас Дух Святой; и будете

Мне свидетелями в Иерусалиме, и во всей Иудее, и Самарии, и даже до края земли» (Деян. 1:8). Уже следующая глава описывает сошествие Святого Духа в силе, и дальнейший сюжет книги показывает географическое распространение Евангелия, предсказанное Иисусом.

В конце Евангелия от Луки Иисус велел ученикам оставаться в Иерусалиме — во второй главе Деяний мы узнаем, для чего. Во время праздника Шавуот (Пятидесятницы) Дух сходит на всех собравшихся последователей Иисуса; а после проповеди Петра к числу верующих присоединяется еще три тысячи человек. Едва зародившаяся церковь испытала силу Иисуса: это выражалось в чудесах, вдохновенной проповеди, в убеждениях, независимых от обстоятельств. Последователи Христа столкнулись с тем же противодействием, что и Он Сам, — например, Иоанна и Петра арестовали после исцеления хромого в храме, но угрозы властей были бессильны их испугать. Иногда Бог защищал первых верующих сверхъестественным образом, например, когда некоторые апостолы чудесным образом выходили из тюрьмы. Но в других случаях они умирали мученической смертью, например, как умер Иаков, брат Иоанна. Но ничто не могло погасить смелость этого движения на его раннем этапе.

Вдобавок церковь столкнулась с рядом внутренних испытаний. Одна семейная пара солгала о своих щедрых пожертвованиях, и супруги немедленно умерли. Служение вдовам спровоцировало раскол; некоторые лидеры ставили интересы местных евреев над интересами грекоговорящих иудеев из других частей Империи. В этом случае разногласия создали и новые возможности: лидеры этого служения присоединились к апостольскому служению. Филипп, например, проповедовал в Самарии и вдоль морского побережья, где у него случилась встреча с эфиопом, которого он познакомил с истиной об Иисусе. Другой служитель, Стефан, совершал чудеса и проповедовал в силе, пока не умер мученической смертью.

Здесь происходит смена главного персонажа: сюжетная линия в центре с Петром сменяется рассказом о Савле из Тарса, позднее названном Павлом. Драматичное обращение Савла к Христу привело к продвижению миссии Иисуса «до края земли». События развиваются в направлении от Иерусалима, Иудеи и Самарии к территориям за их пределами.

Бог послал Петра в дом ищущего язычника, поддерживающего иудаизм, и это, возможно, стало главным поворотным моментом, изменившим видение апостола. Святой Дух сошел даже на дом язычников, что привело к жарким дебатам в Иерусалиме — как и тот факт, что Петр вошел в дом язычников и разделил с ними трапезу. В этот раз споры удалось сдержать, но они снова вспыхнут, когда после проповедей Павла в христианство обратятся язычники даже не из «приближенных» — те, кто никогда до этого не интересовался иудаизмом и не практиковал его. Служение Петра иудеям и язычникам заложило основу кардинальных перемен в истории.

Ключ к пониманию событий, описанных в Деяниях, мы находим в самом начале в словах Иисуса: «...когда сойдет на вас Дух Святой...» (Деян. 1:8). Они звучат в ответ на вопрос о Царстве и времени его наступления. Иисус не исправляет предположений учеников о самом Царстве, только о времени его прихода. Святой Дух — необходимое условие для прихода Царства, и Он утвердит Царство руками Божьего народа. Многое в истории церкви происходило от человеческого ума или усилий, — похоже, наш потенциал собственных стратегий и методов неисчерпаем; но величие событий, описанных в Деяниях, — это в основном результат деятельности людей, чутко реагировавших на работу Духа среди них. Да, временами они разрабатывали логические стратегии — но, как правило, лишь тогда, когда видели явное руководство Духа. Они не могли предвидеть, куда Он их ведет, но им это и не было нужно. Они просто следовали и позволяли себе удивляться.

Это достойный образ жизни. Наши отношения со Святым Духом сегодня так же жизненно необходимы, как и в те времена. Порой мы неоправданно довольствуемся безжизненной, даже бессильной верой, что Он где-то есть, хотя на самом деле Он призывает нас искать Его, ожидать Его, лично с Ним встречаться. Это первоочередная задача для нас, даже если для ее выполнения придется остановиться, когда мы хотим двигаться вперед. Даже если Его руководство продолжит нас удивлять.

### ВОПРОСЫ ДЛЯ РАЗМЫШЛЕНИЯ

Как уравновесить необходимость планирования собственной жизни с откликом на побуждения Святого Духа? Как узнать, когда нужно сменить направление, чтобы последовать за Ним? Почему так важно действовать по велению Духа?

## ДЕНЬ 66

# ДЕЯНИЯ АПОСТОЛОВ, 13-28

Как-то раз во время совместного поклонения — в нашем переводе это названо «служением Господу» — христиане получают задание от Святого Духа. Речь идет о том, чтобы отправить Павла и Варнаву с миссией распространения вести об Иисусе. Судя по всему, это был первый случай миссионерской деятельности, «база» которой находилась не в Иерусалиме — поклонявшиеся мужчины принадлежали к общине в сирийской

Антиохии, далеко на севере, неподалеку от Малой Азии. Это поворотный момент, как в сюжете Деяний, так и в истории христианских миссий. Именно с него началось распространение евангелия за пределы иудаизма для спасения язычников.

Ключевой фигурой миссионерской работы был Павел, ранее известный как Савл из Тарса, — молодой раввин, стоявший за убийством Стефана и пытавшийся безжалостно задушить движение Иисуса. Встреча с живым Христом на дороге в Дамаск изменила Савла: он начал защищать евангелие так же ревностно, как перед этим преследовал его. Его проповеди в синагогах вызывали больше сопротивления, чем покаяния, поэтому он начал проповедовать непосредственно язычникам. Но и это было воспринято неоднозначно. Церковь объявила «тайм-аут» и собралась в Иерусалиме, чтобы обсудить ключевые вопросы. Разве человек не должен сначала принять Божий закон, желая обратиться к Богу? Если Иисус — Мессия евреев, не требует ли вера в Него некоторой степени «еврейства» со стороны уверовавшего? Если Бог прививает язычников к древу Израиля, не должны ли привитые ветви выглядеть, как само дерево? Все это — закономерные вопросы с твердым библейским обоснованием. Однако Павел и некоторые другие, в том числе и Петр, свидетельствовали, что Дух Божий сходит и на греческих язычников, независимо от того, знают ли те еврейские Писания и применяют ли их на практике. И если Сам Бог не отвергает их, то какое право имеет на это церковь?

Этот неопровержимый аргумент исходил из практики. Церкви предстоит исследовать эту тему еще много десятилетий и даже тысячелетий, но, как ни крути, Бог действительно дал Духа еврейского Мессии людям, незнакомым с иудаизмом. Да, им пойдет на пользу изучение еврейских Писаний и соблюдение еврейских заповедей (в большей или меньшей степени), но их отношения с Иисусом не зависимы от обрезания, кошерной еды, соблюдения праздников и субботы. Они основаны на Его живом присутствии в них в ответ на их веру. Святой Дух непременно будет совершать праведные дела в них, пока они будут искать Его волю всем сердцем.

Иаков, брат Иисуса и лидер иерусалимской церкви, дал добро на благовестие язычникам; Павел и его спутники совершили, по меньшей мере, еще два больших миссионерских путешествия в ближайшие несколько лет. Были и другие миссионеры, о которых Лука нам не рассказывает. Очаги христианства возникли в Азии, Европе и Африке. В конечном итоге Павел был арестован и попал в Рим, где у него была возможность проповедовать высшим представителям власти в империи. В конце Книги Деяний многие сюжетные линии обрываются на середине. Петр и Павел еще живы, хотя жить им осталось недолго; евангелие продолжает уверенно распространяться, несмотря на преграды и противодействие. Похоже, сам Лука воспринимал свой отчет как первую главу истории, которая со временем будет дописываться.

Эта история продолжается и сегодня, хотя порой мы отклоняемся от приоритетов, чувств и целей, о которых читаем в Деяниях. Тем не менее, Бог по-прежнему желает управлять Своим народом и вести нас к утверждению Его Царства. Мы сталкиваемся с сопротивлением, спорим между собой, пытаемся разрешить глубинные проблемы, касающиеся Его воли; мы демонстрируем силу и слабость, но продолжаем идти до края земли, возрастая в понимании всеобъемлющего Божьего плана. Исполненные Святого Духа, мы не унываем. Он ведет нас, совершает Свои замыслы в нас, для нас и через нас.

### ВОПРОСЫ ДЛЯ РАЗМЫШЛЕНИЯ

Позволяете ли вы Святому Духу вести и удивлять вас? Как Бог уже менял ваш образ мыслей в прошлом? Как много времени вам обычно нужно, чтобы приспособиться к Нему?

ДЕНЬ 67

# ПОСЛАНИЕ АПОСТОЛА ИАКОВА

Хорошее семя, посаженное в плодородную почву, при нормальных условиях не останется просто семенем в грунте. Из него вырастет то, чем ему суждено стать. Поэтому, когда Иаков заводит речь о слове, посаженном в сердце (Иак. 1:21), неудивительно, что в следующих стихах он переходит к теме будущего плода. Верой мы принимаем Божье слово, а затем оно производит в нас плод. С его помощью мы вырастаем в то, чем должны быть.

В посланиях Павла всегда делается акцент на вере. Иаков — не апостол, а сводный брат Иисуса и лидер иерусалимской церкви — исключительную роль отводит делам. По этой причине многие усматривают конфликт между их пониманием спасения и христианской жизни. Иаков пишет, что вера без дел мертва, что даже бесы веруют в Бога, Который вызывает в них трепет. Одного лишь знания недостаточно. Настоящая вера всегда проявится в нашей жизни.

Опровергает ли это слова Павла? На соборе в Иерусалиме Иаков и Павел уже пришли к согласию относительно спасения и христианской жизни (см. Деян. 15:1–29). В конце этой встречи между ними не было враждебности. Павел знал, что его слова легко можно исказить — одно из таких искажений он сам опровергает в шестой главе Послания к римлянам — и, возможно, Иаков тоже спорит не с Павлом, а с теми, кто доводил его слова до крайности. Да, мы спасены по благодати через веру, но это не причина для безнравственности. Если наша вера истинна, значит, Иисус на самом деле живет внутри нас, и Его Дух руководит нами изнутри. Иоанн позже сказал, что люди, принадлежащие Богу, не могут продолжать грешить. Дух укажет нам на греховность наших мыслей и поступков, позаботится, чтобы мы не довольствовались ими, изменит нашу сущность. Таким образом, вера, которая не проявляется в добрых делах — не просто в избегании греха, но в жизни и активных поступках для Божьего Царства, — не может считаться подлинной. Она мертва и бесполезна (Иак. 2:17).

Большую часть своего письма Иаков посвящает практическим аспектам христианской жизни и описанию, на что должно быть похоже общение верующих. Христиане не должны быть лицеприятными, как было принято в некоторых церквах. Богатые считали себя особо благословенными, а бедные оставались «не у дел» не только в обществе, но даже в церкви. Иаков исправляет это заблуждение и резко обличает богатых и гордых. Христианам следует научиться держать свой язык в узде, потому что слова, как лесной пожар, могут привести к значительным разрушениям. Вера должна проявляться на практике: в наших действиях, словах и отношениях. Смертельное заблуждение — полагать, что соглашаться с Божьими словами суть то же самое, что выполнять их. Тысячи проповедей талантливейших учителей ничего не изменят, если извлеченные из них истины не повлияют на нашу жизнь. Мы должны применять на практике мудрость Духа Божьего и кротость, происходящую от познания Его. Бог отвергает гордых и благосклонен к кротким. Когда мы молимся с рвением и праведностью, то получаем такую же мощную отдачу от Бога, как Илия. Эти качества и поступки — плоды истинной веры.

Как и другие новозаветные авторы, Иаков противопоставляет нашу жизнь в Иисусе мирскому образу жизни. Его письмо начинается с обнадеживающего заявления о том, что испытания нашей веры производят терпение и характер. Это позволяет нам радоваться в разгар жесточайших испытаний, ведь они ведут к вечной награде. Столкнувшись с проблемами, — впрочем, как в любое время, — мы можем просить у Бога мудрости, и Он даст нам ее. Когда мир давит на нас, многие люди склонны идти на компромисс, чтобы облегчить свои страдания. Но это очень печально, по мнению Иакова, ведь дружба с миром — это вражда против Бога.

Поскольку Иаков много пишет о страдании, выносливости и вере, можно предположить, что, как и Петр, и автор Послания к евреям, он ощущал необходимость поддержать христиан во время гонений и призвать их выстоять. Нам известно, что получатели его послания, верующие из евреев, на то время уже были рассеяны среди других народов. Иаков пишет христианам, находящимся под давлением, — говоря современным языком, в стрессе.

Наша вера всегда глубже, чем обстоятельства. Божья мудрость и наша вера всегда оказываются сильнее и долговечнее жизненных кризисов, препятствий, с которыми мы сталкиваемся, угнетения, которое мы терпим. Переменчивая окружающая обстановка не может перевесить Божий мир и безопасность. Наша вера в Него приводит к зрелости. У нас нет причин быть носимыми ветром. Зная это, мы можем пережить что угодно не только с верой, но и с радостью.

### ВОПРОСЫ ДЛЯ РАЗМЫШЛЕНИЯ

Почему многие люди недопонимают взаимосвязь между верой и делами? Как Иаков объясняет эту взаимосвязь?

ДЕНЬ 68

# ПЕРВОЕ ПОСЛАНИЕ АПОСТОЛА ПЕТРА

Вопреки распространенному мнению, Римская империя не преследовала раннюю христианскую церковь. Случались региональные всплески гонений — сначала в Иерусалиме, затем в Риме и других городах при правлении императоров Нерона и Домициана, — но они не принимали систематический характер (хотя порой бывали весьма жестокими). Однако были и другие формы угнетения, менее заметные, но значительно более распространенные и продолжительные, например, словесные нападки и дискриминация. Всякий раз, когда христианство ставило под угрозу общественный порядок, например, когда христиане отказывались поклоняться императору или языческим богам, местные власти могли вести себя деспотично. В любой момент могло вспыхнуть противостояние.

Петр пишет христианам всей империи, которые подвергаются гонениям, в большей или меньшей степени: некоторые страдают тяжко, в том числе и физически, тогда как другие — менее ощутимо. Одних угнетают конкретные враги, других — общество в целом. Он подчеркивает, что мы получили нетленное наследство, корни которого не в этом веке, а в вечности. Бог избрал нас, уверовавших евреев и язычников, как священников для Его Царства, Его собственный народ, который Он всегда будет очищать и хранить. Мы не должны удивляться страданиям. Сам Иисус столкнулся с сильнейшим противостоянием, но Бог превознес Его над всем. Бог допускает испытания нашей веры, зная, что так она станет драгоценнее золота. То, что мы страдаем несправедливо, свидетельствует окружающим людям о величии нашей надежды, которая коренится гораздо глубже обстоятельств. Испытания причиняют нам боль, но они временны. Спасение же вечно.

Поскольку мы созданы для вечности и смотрим на вещи в долгосрочной перспективе, наша точка зрения на поступки и отношения отличается от мнения мира. Петр консультирует своих читателей по многим темам: поведение в обществе; правильные отношения в браке; самоконтроль; святость, подобная Божьей святости; отказ от гордости и вступление на путь смирения; вверение своих забот Богу; сопротивление искушениям дьявола. В каждой сфере жизни наше внимание ориентировано либо на «здесь и сейчас», либо на вечность. Жизненно важно знать, кто мы такие, Кем призваны и куда направляемся.

Мы должны научиться устремлять свои мысли и надежды к наследию, которого невозможно лишиться. Да, уже в этом веке наше сердце получает свои минуты счастья, ведь Бог хочет, чтобы мы испытали Его благость еще на земле живых (Пс. 26:13). Но Он также покорил этот мир суете, чтобы мы жаждали большего (Рим. 8:20–21). Спасение во многом избавляет нас от этой суеты; это не только духовное избавление, оно включает в себя определенную степень эмоционального и физического исцеления. Но мы все еще разочаровываемся; мы всегда стремимся к счастью, но вместо него сталкиваемся с крушением планов, с людьми, не желающими сотрудничать, и мечтами, которые не всегда исполняются.

Чтобы сосредоточить внимание на будущем спасении, нам необходимо знать, что нас ожидает. Это не возлежание на облаках и не бесконечное скучное богослужение. Мы будем править с Иисусом в Его Царстве, которое будет исполнено жизни и радости. Вечность не станет разочарованием. Ее стоит ожидать.

Разделяем ли мы эту вечную надежду? Так ли важны в долгосрочной перспективе наши мечты, поступки, вложения времени и ресурсов? Приближают ли они нас к желанной картине вечного будущего? Оглядываясь назад, мы часто испытываем сожаление: «Жаль, что я не наслаждался школьными годами»; «Я тратил слишком много денег»; «Я столько времени провел в офисе, а не с семьей». Эта печаль — намек на то, какая переоценка ценностей ждет нас на Небесах. В полноте Царства Божьего мы будем рады любым своим вкладам в вечность. Они принесут пользу нам самим и другим. Однажды оглянувшись назад, мы не пожалеем о тех трудностях, которые нам пришлось перенести.

### ВОПРОСЫ ДЛЯ РАЗМЫШЛЕНИЯ

Почему нас не должны удивлять искушения и испытания? Как знание о том, кем мы являемся и каково наше будущее наследие, помогает нам сейчас в трудных ситуациях?

ДЕНЬ 69

# ВТОРОЕ ПОСЛАНИЕ АПОСТОЛА ПЕТРА

Петр находится в тюрьме в Риме и ожидает скорой казни. Уже не впервые она нависает над ним: несколько лет назад он чудесным образом освободился из тюрьмы в Иерусалиме. В этот раз смерть, похоже, неотвратима. Это достаточная причина поторопиться со вторым письмом, хотя апостола также могли беспокоить критические проблемы ранней церкви. Множество лжеучителей смущали истинных верующих пагубными ересями и учениями, продиктованными алчностью. Обманщики обещали свободу, но сами погрязли в порочности, и все, кто принимал их слова, тоже приобщались к моральному разложению. Рано или поздно эти соблазнительные теории должны были повлечь за собой жестокое наказание их авторов и проповедников.

Христиане разошлись во мнениях по этому поводу: некоторые хотели, чтобы правосудие поскорее свершилось, другие опасались его из-за страха быть уничтоженными вместе с нечестивцами. Петр обратился и к тем, и к другим. Тем, кто считал, что возвращение Иисуса слишком задерживается, он сообщил, что Бог не медлителен, а терпелив, и между этими двумя характеристиками существует огромная разница. Бог дает людям больше времени, чтобы обратиться к Нему. В Его Царстве еще недостаточно людей. Хорошо, что Он пока не пришел; мы ожидаем новых небес и новой земли, которые будут полны справедливости, добродетели и правды. В этом Царстве не будет и следа страданий, которые мы испытываем сегодня. Там все сложится наилучшим образом. Мечты исполнятся. Люди будут ладить и слаженно трудиться. Бог к этому ведет, но не спешит, пребывая вне времени. Кто-то может смеяться над нами и говорить, что Он никогда не придет, но Его грядущее пришествие — несомненный факт. В конечном итоге Бог очевидным образом подтвердит Свою правоту.

Тех, кто боялся Божьего суда — не оттого, что не принял Христа, но, зная, каким мощным может быть Его правосудие, — Петр заверяет, что Бог знает, как спасти праведных в разгар бедствий. Он спас Ноя и его семью от потопа, Лота с семьей из Содома и Гоморры. Тем, у кого с Ним искренние отношения, не о чем беспокоиться.

А пока мы ждем, Бог дал нам все необходимое для жизни и благочестия. Он даже сделал нас причастниками Своего божественного естества. Мы обрели Его жизнь и меняемся, чтобы быть, как Он. Он поместил Самого Себя внутрь нас. Разумом сложно объять все вытекающие отсюда последствия, но, по крайней мере, мы знаем, что уже имеем силу быть теми, кем должны быть, и делать то, что должны делать. Его великие и драгоценные обетования уже снабдили нас всем необходимым для жизни.

Поэтому фраза «я всего лишь человек» — неподходящая отговорка для христианина. Поскольку «человек» означает «носитель Его образа», не может быть никакого «всего лишь». Если же этими словами мы пытаемся оправдать свои частые неудачи, тогда на самом деле мы говорим: «Я пренебрегаю своей, данной Богом, духовной природой, поскольку до конца в нее не верю». Не такой должна быть «человечность». Мы родились в вечном Царстве благодаря совершенной природе и невообразимой силе. Нам не стоит довольствоваться более «скромным» способом существования. Если мы принимаем и практикуем (пусть даже несовершенно) те божественные качества, список которых приводит Петр, зло никогда не сможет нас одолеть, а мы будем жить в полной уверенности, что наше место — в вечном Царстве.

ВОПРОСЫ ДЛЯ РАЗМЫШЛЕНИЯ

Что означает быть причастными к Божьему естеству? Как вы считаете, христиане слишком сильно полагаются на это обетование или, наоборот, недостаточно? Почему?

ДЕНЬ 70

# ПЕРВОЕ ПОСЛАНИЕ АПОСТОЛА ИОАННА

Евангелие от Иоанна говорит нам о свете, который пришел в мир и воссиял посреди тьмы. Первое послание Иоанна возвращается к этой теме и настоятельно призывает последователей Иисуса ходить в свете, а не оставаться во тьме. Что значит «ходить в свете»? Не изменять правде, признавать свои грехи и получать прощение, перестать жить в согласии с миром и его принципами, полюбить других так, как Бог полюбил нас. Иоанн снова и снова исследует эти темы, и не только в качестве целей, к которым мы должны стремиться, —

все это также является доказательством нашей измененной внутренней природы. Мы знаем, что принадлежим Богу, когда думаем, действуем и любим, как Иисус.

В самом начале своего послания Иоанн решительно утверждает, что вместе с другими был свидетелем служения Иисуса. Точно неизвестно, почему он посчитал важным подчеркнуть это. Возможно, в церковь проникли ранние формы гностицизма, пытавшиеся убедить людей, что Иисус был только духом, а Его символическую деятельность нельзя понимать буквально; что Он умер на кресте не на самом деле или воскрес духовно, а не физически. Любое подобное заявление наверняка вызывало возмущение ученика, который лично видел Иисуса и три года жил с Ним. Вероятно, в последние десятилетия первого века осталось уже мало очевидцев Христа, которые могли бы опровергнуть заявки гностиков. Итак, слова Иоанна о свете, пришедшем в мир, о любви Иисуса и Его трудах основаны на личном опыте. Иисуса и пославшего Его Бога можно узнать лично, и некоторым посчастливилось сделать это в буквальном, физическом смысле слова.

Есть четкие признаки того, что мы пребываем в общении с Богом. Если мы говорим, что любим Его, но ненавидим людей, мы лжем. Если наше сердце не осуждает нас, у нас есть уверенность перед Богом. Если мы преодолеваем мир с помощью веры, мы рождены от Него. Если мы не соблюдаем Его заповеди, мы на самом деле не любим Его. Это сильные слова, хоть Иоанн подает их в очень деликатной форме. Видимо, пришло время для сильных выражений. Люди уходили из церкви (1 Ин. 2:19). Дух антихриста уже работал в мире против Бога и соблазнял Его народ. Те, кто любит опьяненный дьяволом мир и его пути, у тех нет гармонии с Богом. Для последователей Иисуса жизненно важно испытывать духов, чтобы знать, какие из них от Бога, а какие нет. Исповедуя, что Иисус пришел во плоти — не как иллюзия или дух, но в подлинном человеческом теле, — мы не должны соблазняться лжеучениями, посеянными в обществе. Те, кто от Бога, отвергают ложные свидетельства.

Иоанн уделяет много внимания необходимости жить подобно Иисусу и любить действенно, а не на словах. Его слова о способности любить Божьей любовью воодушевляют и успокаивают, но этого недостаточно, настоящая любовь проявляет себя на деле. Божья любовь чудесным образом превращает нас в Его детей. Как дети Бога, мы растем, чтобы стать похожими на Него. Мы слеплены из того же теста, что и наш Отец. В духовном мире, как и в физическом, яблоки не падают далеко от яблони. Если мы действительно принадлежим Ему, то, оставаясь в грехе, мы можем быть уверены, что огорчаем Его и вредим себе. Нельзя утверждать, что мы без греха, как это делали некоторые, но и оставаться в грехе также недопустимо. Поэтому нужно исповедать свой грех и принять полное и окончательное Божье очищение. Тогда мы можем ходить в свете, который Он дал.

Иоанн написал это письмо верующим, чтобы они знали, что у них есть вечная жизнь (1 Ин. 5:13). Однако его письмо — не просто свидетельство о спасении. Это достаточно подробное описание того, что собой представляет вечная жизнь. Она построена на родственных отношениях, полна любви и мира, не ограничена национальными обычаями, практична, основана на истине воплощения Иисуса. Она истиннее любых других альтернатив.

### ВОПРОСЫ ДЛЯ РАЗМЫШЛЕНИЯ

Что означает «ходить во свете, как Бог во свете»? Как конкретно мы можем так поступать?

ДЕНЬ 71

# ВТОРОЕ ПОСЛАНИЕ АПОСТОЛА ИОАННА

Второе и третье послания Иоанна очень коротки. Некоторые полагают, что оба они адресованы конкретным людям. Может быть, эти адресаты — «избранная госпожа и ее дети» (2 Ин. 1:1)? В таком случае несколько странной выглядит просьба любить друг друга в пятом стихе, как и употребление в течение всего послания местоимений во множественном числе или упоминание в конце «детей сестры» (2 Ин. 1:13). Более вероятно, что послание написано Христовой Невесте. Кем бы ни был получатель, цели Иоанна ясны. Он хочет еще раз подчеркнуть то, о чем писал в предыдущем послании.

В частности, это необходимость ходить в истине и жить по примеру Иисуса (см. 1 Ин. 2:6). Автор часто проводит параллель между любовью к Богу и поступками в соответствии с Его словами. Он обращает на это внимание в своем Евангелии, цитируя высказывания Иисуса (Ин. 14:13–24; 21:15–17), а его послания раскрывают эту тему еще шире. Иоанн отмечает, что многие предпочитают «болтать языком» и не делать того, о чем говорят. Это странное явление существует в каждом поколении. Мы тоже часто утверждаем, что следуем за Иисусом, но не подражаем Его образу жизни, отношениям, действиям. Заявляя о своей вере, мы обычно имеем в виду, что Он спасет нас по нашей просьбе, что предпочли христианство среди других мировых религий и выбрали Иисуса в качестве объекта наших духовных стремлений. Но следовать за Ним в действительности означает совсем иное. Мы часто игнорируем огромные части Его учения, например, Нагорную проповедь или призывы служить друг другу. И если Ганди говорит, что ему нравится Христос, но не нравится христианство, значит, разница между жизнью Иисуса и нашей жизнью бросается в глаза. К этой проблеме Иоанн неоднократно возвращается в своих посланиях.

Другая крайность — приравнивать послушание к любви, считая ученичество чередой правильных поступков. Любящие Иисуса будут исполнять Его слова, но не каждый делающий то, что Он говорит, любит Его. Многие люди подчиняются Богу из чувства вины, другие — в попытке заслужить спасение, некоторые — под влиянием самоправедности или чтобы вписаться в рамки религиозной культуры, а некоторые — из ложного чувства долга. Ни один из этих мотивов не служит примером любви, а Бог ясно дает понять, что именно любви Он ждет от нас больше всего. Одного лишь послушания недостаточно, но и любовь без исполнения слов Иисуса — не настоящая любовь.

Проповедь тоже не всегда является выражением любви, даже если проповедуется истина. Согласно посланиям Иоанна, многие учителя распространяли свои ложные убеждения в духе саморекламы. Иоанн снова призывает своих читателей следить за теми, кто отрицает, что Иисус пришел во плоти. Эти обманщики и антихристы отошли от учения Иисуса. Следует не просто отказаться от их учения, но даже не оказывать им гостеприимства, пишет Иоанн. Скорее всего, это не означало никогда не разговаривать с членами культа; Новый Завет дает понять, что христиане активно участвовали в общественных дебатах об истине и заблуждении. Однако бессмысленно и даже опасно открывать свой ум доктринам, отрицающим Иисуса или искажающим Его сущность. Иоанн в категоричных выражениях призывает нас держаться подальше от соблазнов ложной духовности, которые кроются в безнравственных учениях.

Иоанну важно, чтобы читающая его послание «госпожа», будь то человек или церковь, соблюдала чистоту для Жениха и разделяла Его сущность. Бог хочет от Своего народа не рабского подчинения, а сердцебиения в унисон с Его сердцем. Мир и его обманы выбиваются из Божьего ритма. И больше всего Он хочет, чтобы мы в полной мере ощущали Его любовь и радость.

ВОПРОСЫ ДЛЯ РАЗМЫШЛЕНИЯ

Как, по-вашему, можно ли любить Бога, но не повиноваться Ему? Можно ли повиноваться Богу, но не любить Его? Что важнее для Бога — наша любовь или повиновение? Почему?

## ДЕНЬ 72

# ТРЕТЬЕ ПОСЛАНИЕ АПОСТОЛА ИОАННА

В отличие от получателя Второго послания Иоанна, адресат Третьего назван точно. Это дорогой друг по имени Гай, пример хождения в свете — качества, которое автор продолжает особенно выделять. Гай поддерживал братьев, посвятивших себя распространению евангелия, даже тех, с кем не был знаком лично. Ему достаточно было знать, что они действуют ради «имени Его» (3 Ин. 1:7). Гай поддерживал их в их трудах, потому что и сам любил то же самое «имя». Благодаря этой любви за ним закрепилась репутация верного человека.

Похвалив Гая, Иоанн упрекает противника по имени Диотреф и обязуется доказать его неправоту лично, когда придет в гости. Диотреф — учитель, который любит быть главным. Он и его сторонники не признают апостольские полномочия Иоанна и клевещут на него. Судя по тому, что он отказывается приветствовать друзей Иоанна и изгоняет их из церкви, у него есть определенная власть. Диотреф — это пример гордого, корыстного лидерства, что, к сожалению, не редкость для первого века. Иоанн считает важным в открытую обратить внимание на подобную гордость.

Затем Иоанн указывает на хороший пример, Димитрия, известного своими правильными поступками. Как раз об этом Иоанн говорил раньше — результаты трудов выявят, какие отношения с Богом и у тех, кто творит добро, и у делающих зло.

В отличие от личных посланий Павла, Третье послание Иоанна содержит очень мало указаний. Его основная цель в том, чтобы передать свой привет и выразить желание прийти в гости. Такие послания позволяют предположить, что в первом веке отношения между христианами были близкими, душевными, выкованными в огне враждебного окружения. Не все церкви подвергались гонениям, но всем пришлось столкнуться с лжеучениями и недоразумениями. Практически во всех городах христиане были в меньшинстве. Такие условия способствовали формированию прочных связей.

Подобные условия также помогают людям осознавать, во что же, собственно, они верят. Давление извне и трудные обстоятельства порой приводят к уходу людей из церкви; других же они побуждают сблизиться с Богом и друг с другом. О таких противоположных тенденциях говорится не только в посланиях Иоанна, но также у Павла и Петра. В нашем окружении могут быть смешаны самые разные убеждения и ценности; отстаивать христианские взгляды и Христа нелегко и на словах, и поступками. По этой причине Иоанн не жалеет времени на описание христианского образа жизни и призывает своих читателей познавать, во что они верят и Кому служат. Он также указывает, кого нужно поддерживать, а кого избегать. Поддержки достойны те, кто трудится во имя истины, а кто ее использует для саморекламы — сторониться. Все просто. В эпоху противоречивых идей и воззрений очень важно сохранять бдительность.

Но истина, которую Иоанн защищает, — это не просто доктрина. Это вопрос отношений. Иисус есть истина, и мы можем жить в свете, лишь зная Его. Только познание Его любви, а не принятие какой-либо доктрины, позволяет испытать, Кем является Иисус. Это евангелие отношений, а не аргументов. Мы различаем Дух Иисуса и дух антихриста с помощью нашего духа и Божьего водительства. Лишь тот, кто держится за Иисуса и купается в Его любви, может жить в истине.

### ВОПРОСЫ ДЛЯ РАЗМЫШЛЕНИЯ

Опишите человека, который ходит в свете и близко следует за Иисусом? Какой у него характер? Какие ему свойственны поступки? Насколько вы сейчас соответствуете этому описанию?

## ДЕНЬ 73

# ПОСЛАНИЕ АПОСТОЛА ИУДЫ

Как и Иаков, Иуда — сводный брат Иисуса, и, судя по всему, он уверовал в Него лишь после Его смерти и воскресения. Короткое послание Иуды церкви — это резкое осуждение лжеучителей. Он говорит, что сражается за веру, что вполне соответствует резкому тону письма. Оно об обманщиках, вкравшихся в общение верующих, извративших Божью благодать, использующих ее для оправдания чувственности и не принимающих Иисуса в качестве Учителя и Господа. Они опасны для христианского содружества; Иуда сравнивает этих людей с пастухами, собирающими пропитание для самих себя, безводными облаками, бесплодными деревьями в урожайную пору, штормовыми волнами и звездами, блуждающими в кромешной тьме. Иуда ясно дает понять, что их ждет очень суровый суд.

Послание Иуды — одно из наименее читаемых посланий Нового Завета по нескольким причинам: во-первых, оно краткое (всего 25 стихов), во-вторых, жесткое, и, наконец, оно частично повторяет Второе послание Петра (либо Иуда подробно цитирует Петра, либо наоборот). Кроме того, Иуда ссылается на еврейские книги, не вошедшие в Библию, такие как Первая книга Еноха и Вознесение Моисея. Что касается последнего пункта, никто доподлинно не знает, как воспринимать богодухновенного автора, который использует апокрифическую литературу для подкрепления своих мыслей. Павел также временами цитирует языческих поэтов, но не в том, что касается истории Бога и Его народа. Возможно, Дух сберег моменты истины в многовековых традициях и частично вдохновил авторов мифической апокрифической литературы, на которых впоследствии ссылаются библейские авторы. Как бы то ни было, остановимся на том, что цитатам из Первой книги Еноха и Вознесения Моисея можно верить, хоть их источники в целом признаны ненадежными. Иуда черпает из своего культурного наследия, чтобы объяснить вечную истину.

Послание полностью посвящено определенному лжеучению, которое, судя по всему, способствовало распущенности, прикрываясь благодатью. Нашей культуре эта проблема весьма близка: многие утверждают, что следуют за Иисусом, хотя их действия совершенно противоречат Его целям. В обществе, где превозносится секс, — а Иуда не случайно приводит в пример дни Ноя, Содом и Гоморру, — люди часто пытаются отделить духовную жизнь от моральных принципов, чтобы, имея вечное спасение, согласно евангелию, не отказываться от удовлетворения сиюминутных страстей. Истинное евангелие охватывает все сферы жизни, поэтому такие двойные стандарты невозможны. Или мы отображаем верность, характер и чистоту Бога во всех сферах жизни — духовной, эмоциональной, физической, социальной, или не отображаем вовсе. Иисус прощает наши неудачи, но не позволяет нам самовольно делить свою жизнь на разные сферы, чтобы следовать за Ним лишь частично. Иуда солидарен с другими авторами Нового Завета в осуждении подобных склонностей.

Основной довод автора в том, что сострадательный, любящий, милостивый Иисус также не стеснялся сурово судить людей на протяжении всей истории. Мы можем удивиться словам Иуды о том, что это Иисус освободил народ Божий из Египта, но ранней церкви было свойственно видеть Его работу повсюду в мировой истории и в истории Израиля. Иисуса можно увидеть в священнике, посетившем Авраама, в ангеле, который боролся с Иаковом, в ангеле, явившемся Иисусу Навину, в четвертом человеке в огненной печи в Вавилоне и так далее. Он всегда принимал участие в творении, в мировой и еврейской истории, в том числе как судья бунтарей или людей, не пожелавших поверить истине. Мы должны одновременно видеть в Нем и доброту, и Божью взыскательность, на что Павел указывает в Послании к римлянам (11:22).

Верующие должны созидать себя в вере и быть милосердны к сомневающимся. Бог силен удержать нас от падения и сохранить нашу непорочность до возвращения Иисуса. Он определенно действует в нас, даже в мире, страдающем от дефицита истины. Когда мы ищем лишь Божью истину, — чтобы знать и жить ею, — Он направит нас и сохранит в полной безопасности во Христе Иисусе.

### ВОПРОСЫ ДЛЯ РАЗМЫШЛЕНИЯ

Актуальны ли сегодня резкие высказывания Иуды в сторону тех, кто извращает евангелие благодати, оправдывая им свою похоть? Почему (или почему нет)? Как сочетаются в Иисусе доброта и суровость?

ДЕНЬ 74

# ПОСЛАНИЕ К РИМЛЯНАМ, 1-8, 12-16

Послание к римлянам написано церкви, которую Павел не основывал и даже никогда раньше не посещал. Оно не похоже на другие его послания, адресованные людям, в которых он вложил много усилий, в города, где имел много личных контактов. Он надеялся однажды прийти в Рим, но пока что мог только в письме обратиться к этой христианской общине, основанной кем-то другим. По-видимому, Павел чувствовал необходимость обсудить некоторые вопросы.

Многие считают Послание к римлянам наиболее обстоятельным богословским трудом Павла, хотя в нем и не упомянуты некоторые значимые темы, изложенные в других его посланиях. Центральное место в послании занимает вопрос о том, как соотносятся благодать и вера с религией, основанной на законе. И ведь последний — не какой-нибудь свод правил, а вечный закон, который Бог установил Своим голосом и рукой на горе Синай и который подтвердил Мессия Иисус (Мф. 5:17–20). Если прощение и жизнь даются людям через смерть и воскресение Иисуса, какова тогда роль Божьего закона в нашей жизни? Какую роль играет грех в жизни людей, полностью погруженных в благодать? Равняется ли благодать свободе жить так, как нам вздумается?

Ответы на эти вопросы Павел ищет в свойственном ему стиле раввина. Он вспоминает, что отношения Бога с Авраамом строились на одной лишь вере задолго до появления закона. Другими словами, закон никогда не был ключом к отношениям с Богом. Да и вообще, может ли человек претендовать на праведность? Авраам был назван праведным не потому, что вел себя безупречно, — иногда как раз наоборот, — а потому, что верил Божьим обещаниям. Праведность приходит через веру.

Так что же нам делать с законом — сводом правил, который, по словам Бога, Он дал навсегда и не собирался отменять? Павел объясняет, что мы умерли с Иисусом и воскресли с Ним, поэтому у закона нет прав на нас. Мы получили совершенно другую жизнь, жизнь в Духе. Вместо того чтобы подчиняться внешним, объективным нормам, мы изменились изнутри. Мы любим не потому, что нам так велено, а потому, что это соответствует нашей новой природе. Мы содержим себя в чистоте не потому, что так велено, чистота — это наш новый характер. По крайней мере, мы стремимся к этому идеалу, даже если порою верх берут привычки и прежняя натура. Но нам нужно полагаться на то, что новая жизнь реальна. Если мы полностью доверяем Богу и надеемся не на внешние усилия, а на силу, действующую внутри нас, новая, сверхъестественная жизнь постепенно вступает в права.

В чем же тогда значение закона? Бесспорно, он очень важен. Некоторые упрощенно сводят этот вопрос к выбору между праведностью по закону и благодатью, но это не так. На самом деле, через отношения со Святым Духом закон записывается в наших сердцах. Послушание естественным образом исходит из измененного сердца. Мы также поступаем праведно, но по иной причине. Наша человеческая плоть не способна на это, так поступает Дух внутри нас.

В этом суть христианской жизни. Закон не делает нас праведными, но и беззаконие также недопустимо. Когда мы рождаемся свыше, в нас зарождаются другие ценности, другой характер. Павел описывает особенности и суть Царства в двенадцатой главе, но лишь после указания источника такого образа жизни. Любой, кто приступает к чтению Послания к римлянам из желания узнать «что делать и как жить», не найдет ответов, если сначала не обнаружит силу новой жизни во Христе через Его смерть и воскресение.

Павел акцентирует внимание на том, что праведная жизнь начинается с веры. Основным примером такой жизни служит Авраам, призванный Богом в самом начале, когда Он избрал Свой род и, в конечном итоге, Свою нацию, через которую благословятся другие народы.

Авраам поверил Богу с надеждой, хотя надеяться, казалось, было не на что. Он был абсолютно уверен, что Бог исполнит обещанное (Рим. 4:18–25), — и Бог сказал: «Да, вот это настоящая праведность». Если мы приходим к Христу с таким же отношением и посвящаем Ему всю свою жизнь, Божьи обетования распространяются и на нас. Когда мы впускаем Его в свою жизнь, что-то происходит внутри нас. Праведность начинается изнутри. Мы развиваем глубокие и тесные отношения с Богом, чего Он, собственно, всегда и хотел. И мы уже никогда не будем такими, как прежде.

### ВОПРОСЫ ДЛЯ РАЗМЫШЛЕНИЯ

Почему важно считать себя умершими и воскресшими с Иисусом, другими словами, принять Святого Духа как источник жизни внутри нас? Как отличить попытки послушания Богу «своими силами» от внутреннего подчинения под преображающим воздействием силы Святого Духа?

ДЕНЬ 75

# ПОСЛАНИЕ К РИМЛЯНАМ, 9-11

Многие исследователи выносят главы с девятой по одиннадцатую за скобки этого фундаментального послания — как своего рода «заметки на полях», отходящие в сторону от основной цели Павла. Другие видят в этих главах центральную часть всего послания, кульминацию слов апостола. На самом деле это отнюдь не вставной эпизод, а ответ на вопрос, который был у всех на уме. Христиане первого века провозгласили евангелие спасения по благодати через веру — однако до сих пор центральное место в Божьем откровении занимал закон, по праву считавшийся непреходящим. Как же тогда толковать предыдущие два тысячелетия человеческой истории? Что происходило в период от Авраама, Моисея, Давида и пророков? Разве можно отбросить все это со словами: «Вы неправильно понимали Писание!» Наконец, если избранный Божий народ не примет это новое учение, что с ним произойдет? Эти вопросы могут показаться второстепенными современному христианину, но в контексте иудаизма первого века учение Павла шокировало, выглядело скандальным и сокрушающим устои. Ему необходимо было объясниться. Центральное место в этом объяснении занимал вопрос Израиля.

В третьей главе Послания к римлянам Павел задает несколько важных вопросов и дает на них четкие ответы. Каковы преимущества еврейских корней и обрезания? Есть много преимуществ, заявляет он (Рим. 3:1–2). Значит, евреи лучше других? Нет, нисколько (Рим. 3:9). Уже из этих нескольких стихов очевидно, что у Павла довольно сложная позиция, полная кажущихся противоречий, и в девятой главе Павел берется полностью ее разъяснить. В сущности, вся предыдущая часть Послания к римлянам вела к этому моменту. Хотя христианское учение может показаться новым, его корни в еврейском Писании уходят даже глубже Закона Моисея — в историю об Аврааме, его вере и призвании. План Бога с самого начала включал не только Израиль. Согласно книге Исход (4:22), Израиль — первенец Божий, но не единственный произведенный Им народ. Вплоть до прихода Иисуса Израиль был ареной Божьих действий. Завет, откровение Его славы, события, в которых Он проявил Себя, семена вечного Царства — все это принадлежит роду Авраама и народу, которого Бог отделил от других.

Но этим народом Бог не ограничился. Даже во время исхода, в пустыне, Он принимал иноземцев в Свое избранное сообщество. Даже в периоды царей и пророков иноверцы приходили в Царство Божье, как и предсказывалось. Пророки ждали времени, когда все народы будут знать Бога. Почему же учение о благодати через веру явилось такой неожиданностью? Почему привлечение язычников вызвало переполох? Если Бог заложил Свою природу внутри нас, означает ли это, что Он понизил Свои стандарты? Ни в коем случае. Израиль по-прежнему остается избранным народом, но большинство израильтян отвергли Божий План в Иисусе. Другие же народы Он привил к израильской ветви. Божье обещание по-прежнему действует — настанет время, когда весь Израиль вернется к Нему. Несмотря на различные утверждения на протяжении истории Церкви, Бог не отверг Свой народ (Рим. 11:1). Он не возьмет назад ни слова из Своих обещаний.

Эта тема затрагивается в различных местах Нового Завета, поскольку она очень важна для ранней церкви. В Послании к галатам Павел рассматривает ее в еще более сильных выражениях. В Послании к ефесянам он настаивает, что наша новая сущность разрушает все барьеры между людьми, в том числе между евреями и язычниками. Божье Царство всегда включало в себя Израиль, но оно также выходит за его пределы. Само понятие Израиля как кровных потомков Авраама меняется (Рим. 9:6–8).

Как это относится к современным христианам, культурно и географически далеким от Израиля? Почитайте заголовки в газетах. Взгляды всего мира по-прежнему прикованы к полоске земли на Ближнем Востоке. Не потому, что эту землю Бог оставил, — скорее наоборот, потому что у Него все еще есть на нее планы. Именно сюда обещал вернуться Мессия. Мы знаем, что Бог всегда держит Свои обещания, даже если кажется, что Его планы изменились и Он оставил Свой народ. Он может воспитывать Своих детей, откладывать выполнение обещаний, может перекроить обстоятельства и вписать Свои обещания в новый контекст. Но Он не обещает то, что не собирается исполнять. Мы можем рассчитывать на это, даже если на исполнение обетований уйдет вся история человечества.

### ВОПРОСЫ ДЛЯ РАЗМЫШЛЕНИЯ

Исполнения каких Божьих обещаний вы ждете? Как может ободрить вас Послание к римлянам в минуты, когда кажется, что Бог не действует через вас?

## ДЕНЬ 76

# ПЕРВОЕ ПОСЛАНИЕ К КОРИНФЯНАМ

Павел написал несколько посланий коринфянам, и два из них сохранились в Библии. Даже поверхностный взгляд на первое послание объясняет, почему Павел так много общался с коринфянами: у них было слишком много проблем. Коринф был очень разноплановым, космополитическим городом, и в местной церкви вполне отразились его противоречивые культурные особенности. Коринфяне завидовали друг другу, спорили, за каким учителем следовать, стремились заполучить самые впечатляющие духовные дары, хвастались друг перед другом, судились между собой, мирились с безнравственностью, оскорбляли друг друга своим отношением к поклонению и идолопоклонству. Даже к Вечере Господней они относились неподобающе, в полном противоречии с Духом Христа и значением, которое Он в нее вложил. Поэтому Павел пишет своеобразную инструкцию для корректировки этого христианского сообщества, временами используя очень сильные слова, напоминая им о призвании быть святыми (1 Кор. 1:2). Ведь они все равно остаются христианами, пусть даже и незрелыми и неразборчивыми.

Вершиной этого послания стал фрагмент, который многие считают лучшим выражением любви в христианской литературе. Христианский мир разобрал тринадцатую главу на цитаты для свадеб и надписей на христианских плакатах. Это прекрасное и поэтичное описание того, на что похожа любовь и на что не похожа. «Любовь долготерпит, милосердствует, любовь не завидует, любовь не превозносится, не гордится, не бесчинствует, не ищет своего, не раздражается, не мыслит зла, не радуется неправде, а сорадуется истине; все покрывает, всему верит, всего надеется, все переносит» (1 Кор. 13:4–7). Почему Павлу пришлось написать о совершенной любви? Не от избытка чувств, а из-за проблем коринфян — гордыни, эгоизма, непрощения и нетерпимости друг к другу. Если бы они научились любить по-настоящему, не сентиментально, а в истине и благодати, многие их проблемы постепенно исчезли бы. Но коринфяне были слишком сосредоточены на собственных интересах, даже стремясь к духовным добродетелям. Они являли собой популярные шутки наших дней о людях, которые «любят себя за красоту и скромность» или «требуют побольше таблеток от жадности». Они противоречили Духу, но при этом утверждали, что следуют Ему.

Многие неправильно понимают это послание, принимая его за критику людей, стремящихся к духовным дарам, но здесь дело совершенно в ином. Наоборот, Павел призывает своих читателей «ревновать» о получении духовных даров, особенно дара пророчества, чтобы возвещать Божью волю (1 Кор. 14:1). Это послание предостерегает против духовной гордыни и злоупотреблений, а не против увлечения дарами. Христианская духовность не должна ориентироваться на эффективность, ведь это не соревнование. Эту мысль очень важно услышать и в современных церквах, где истинная преданность Богу нередко оказывается позади внешних атрибутов богослужения. Такое бывает в церквах с различным богослужением: витриной для презентации собственного «я» могут быть как спонтанные церковные собрания, так и тщательно «отполированные», организация которых сама по себе воспринимается как важнейшая добродетель. Павел же призывает к скромной, жертвенной, терпеливой, сострадательной любви. Другими словами, нам, христианам, следует больше заботиться о других, чем о себе.

Первое послание к коринфянам, по сути, является уроком о христианском характере — о качествах, несущих исцеление и единство, в противовес тем, что приводят к хаосу и разделениям. Павел заканчивает послание очень тщательным разбором воскресения Христа, в котором показывает различие между существованием в разлагающемся мире и нетленной жизнью в Царстве Божьем. В сущности, он зовет коринфян разделить победу Царства во взглядах, в образе жизни, в стремлении к Богу — во всем, что позволяет приобщать себя к вечности. Он уже сказал им, что любовь никогда не заканчивается. Воскресшие из мертвых будут вечно жить в этой любви — с Богом и друг с другом.

### ВОПРОСЫ ДЛЯ РАЗМЫШЛЕНИЯ

Насколько та любовь, которую Павел описывает в тринадцатой главе Первого послания к коринфянам, способна на практике решить наши проблемы в отношениях? Почему такая любовь редко встречается и ее так сложно сохранить?

ДЕНЬ 77

# ВТОРОЕ ПОСЛАНИЕ К КОРИНФЯНАМ

Судя по всему, после Первого послания к коринфянам Павел послал в Коринф еще одно — достаточно жесткое, способное расстроить до слез. По-видимому, гнев апостола частично был вызван тем, что после его предыдущего визита в Коринф его обвинили в нечистых мотивах и пытались восстать против его руководства. Так или иначе, послание вызвало сильную печаль в церкви, поэтому в следующем послании, известном нам как Второе, Павел приложил все усилия, чтобы утешить коринфян. Стремясь успокоить их, он рассказал им о собственных страданиях. Итак, в послании можно увидеть несколько тем: частично, Павел утверждает собственный апостольский авторитет, частично — сопереживает, а частично — побуждает слушателей жить жертвенно и самоотверженно. Это послание посвящено осмыслению жертвы и скорби.

Кроме того, здесь содержатся многие из лучших метафор Павла. Мы — глиняные сосуды, призванные являть Божью силу, а не человеческие возможности (2 Кор. 4:7). Мы — посланники Христа, чтобы примирить мир с Ним так же, как Он примирил нас с Богом (5:20). Мы — новое творение во Христе:

старое прошло и теперь все новое (5:17). Мы — земледельцы, которые щедро сеют, чтобы собрать щедрый урожай; охотно дающие, которых любит Бог (9:6–7). На фоне этих глубоких сравнений Павел рассказывает, как он сам страдал ради евангелия и ради самих коринфян.

Ему приходилось быть притесняемым, но не стесненным; в отчаянных обстоятельствах, но не отчаиваться; гонимым, но не оставленным; низлагаемым, но не погибшим (4:8–9). Его заключали под арест, избивали; он побывал в кораблекрушении, страдал от холода, голода и обстоятельств (6:4–10). У Павла даже было «жало в плоти» — физический недуг или неотвязный противник, — которое Бог не удалял, чтобы Павел не возгордился (12:7–9). Но почему же у него было столько проблем? Потому что Павел неустанно трудился, отказался от многих своих прав, видел неописуемые райские видения. Иными словами, он страдал не потому, что Бог был против него, как многим может показаться, а потому что Бог осуществлял через него огромную работу, и это не могло не вызвать яростного и жестокого сопротивления сатаны. Павел как бы говорит: «Мне жаль, что я рассердился на вас, когда вы усомнились в моих полномочиях, но я продолжу страстно их защищать». Он уверен в своем авторитете. Не сомневаясь в своем положении, Павел продолжает призывать коринфян к щедрости — не ради собственного благосостояния, но чтобы помочь другим страждущим христианам. Это отлично согласуется со вступительными стихами послания: Бог утешил Павла, поэтому он может дать утешение коринфянам, чтобы те, в свою очередь, могли утешать друг друга и других нуждающихся. Это взаимное утешение помогает христианам переносить гонения, с которыми они сталкиваются как служители Нового Завета. Да, быть призванным трудно; да, может возникнуть искушение впасть в уныние; да, придется настроить свое зрение на невидимое вместо видимого; да, покаянию всегда сопутствует скорбь. Но Божьи обетования во Христе — «да» и «аминь», Его сила совершается в слабости, и наши нынешние временные страдания готовят нас к вечной славе, которую сейчас мы едва ли можем понять. Плата за вход в Царство Божье огромна, но обещает преимущества, намного превышающие любые издержки.

До известной степени проблемы коринфян знакомы и нам. Заставят ли нас трудности сойти с выбранного пути или мы продолжим продвигаться вперед, чтобы испытать все радости и благословения Царства? Многим коринфским христианам казалось, что их испытания слишком велики, но Павел призвал их не сдаваться и нести дальше весть о том, что Бог желает примирения с враждебным Ему миром. Испытания и невзгоды на этом пути — лишь незначительные неудобства. Впереди великая цель — куда более великая, чем препятствия на пути к ней.

Такое видение помогает нам двигаться вперед. Без него мы бы отчаялись. Павел призвал нас жить верой, а не видением, и это дает нам силы держаться за данное нам призвание. В конце Евангелия от Иоанна Иисус предупредил учеников, что в мире у них будет скорбь, но им не нужно об этом беспокоиться, потому что Он победил мир. Во Втором послании к коринфянам эта истина раскрывается во всей полноте. Когда мир пытается подавить новое творение, оно побеждает.

### ВОПРОСЫ ДЛЯ РАЗМЫШЛЕНИЯ

Каким образом наши нынешние страдания производят в нас вечную славу? Что дает нам уверенность, что наши недостатки — не помеха действующей в нас Божьей силе?

## ДЕНЬ 78

# ПОСЛАНИЕ К ГАЛАТАМ

В начале своей миссионерской деятельности Павел, вместе с Силой, посетил несколько городов Южной Галатии в Малой Азии, где проповедовал как посетителям синагоги, так и язычникам. После этого там образовалось несколько христианских общин, но появились и жестокие противники Павла. Их возмутило, что язычники обращались к Иисусу, минуя иудаизм: ведь ожидалось, что те вначале проявят себя как «богобоязненные», затем примут иудаизм и лишь после этого смогут принять еврейского Миссию. Перед этим уже был один бурный прецедент, когда язычник по имени Корнилий и его домочадцы поверили рассказу Петра об Иисусе и перешли от «богобоязненности» к вере в Мессию. Но непосредственный переход из язычества в христианство? Для многих это оказалось чересчур. Для решения этого вопроса в Иерусалиме собрали собор.

По-видимому, примерно в это же время — незадолго до собора или спустя несколько лет после него — в галатийские церкви пришли лжеучителя и проповедовали учение, отличное от учения Павла. Эти учителя особое внимание уделяли еврейским заповедям, например, обрезанию, кошерной пище как неотъемлемой части послушания Богу, а значит, и христианской жизни. В их понимании, жизнь по закону не заканчивалась с принятием Христа — нужно было и дальше жить по определенным правилам. В опровержение такой позиции Павел пишет одно из самых страстных посланий Нового Завета. Апостол разгневан, что галаты так быстро забыли учение, которое он им оставил. Они начали свой христианский путь в силе Духа — как же они могут продолжать его, надеясь на собственные усилия? Любое учение, уводящее в сторону от наполненной Духом жизни, заслуживает проклятия, пусть даже его принесет вам ангел.

В ходе рассуждений Павел сообщает много информации о себе. Мы узнаем о его пребывании в Аравии сразу после обращения, о его знакомстве с Петром и Иаковом, о его горьких спорах с Петром из-за того, что Петр вел себя по-разному с язычниками и иудеями, а также об общей хронологии раннего служения Павла. Но главное, что мы узнаем, — это как сильно Павел убежден в своем учении о законе и благодати. Как преданный еврей, он никогда прямо не критикует закон, но пути его исполнения видит совершенно иначе, чем необращенные евреи. В своей критике иудеев, которые настаивали на выполнении уверовавшими язычниками еврейского церемониального закона, Павел поднимает щекотливые вопросы. В самом законе, например, Бог подчеркивает, что обрезание всегда останется отличительным знаком Его народа. Тем не менее, по словам Павла, оно не имеет значения, по-настоящему важно новое творение (Гал. 6:15). Как и в Послании к римлянам, он подчеркивает: главное — это духовный закон, который должен поселиться у нас внутри, а внешние его проявления не столь важны.

Вопрос о соотнесении внешнего и внутреннего снова и снова поднимается в посланиях Павла, чему мы можем только порадоваться. Ведь это дало ему немало возможностей объяснить, как жить христианской жизнью, и осветить тонкие различия между плотской жизнью и жизнью по Духу. Мы часто пытаемся преодолеть действие плоти силой плоти. Павел же говорит, что проблема снимается, если мы просто живем по Духу; игнорируя плоть, мы можем избавиться от плодов греховной природы. Жизнь по Духу устраняет необходимость закона. Дух производит в нас добродетели: любовь, мир, долготерпение и радость (Гал. 5:16–25).

Тем не менее, многие люди пытаются превозмочь свою греховную сущность самостоятельно. Такой образ жизни не принесет плодов. Не нужно усиленно «работать» над всеми аспектами праведности. Лучше сосредоточиться на своей любви и отношениях с Богом — в Иисусе, через Его Духа. Когда Он живет в нас, когда мы близки с Ним, Он производит в нас то, что Ему угодно. В этом простота евангелия. Все остальное, по мнению Павла, уводит нас от подлинной жизни.

### ВОПРОСЫ ДЛЯ РАЗМЫШЛЕНИЯ

В чем разница между жизнью по Духу и жизнью по плоти? Почему нам не стоит беспокоиться, что жизнь по Духу вместо соблюдения Закона сделает нас неправедными?

## ДЕНЬ 79

# ПОСЛАНИЕ К ЕФЕСЯНАМ

Эфес был третьим по величине городом Римской империи, крупным центром язычества и магических практик. Павел провел здесь около трех лет; рост христианского влияния в городе вызвал серьезную напряженность, особенно между христианами и теми, кто получал материальную выгоду от культа Артемиды. Пострадала отрасль религиозного туризма: продавцы амулетов, фигурок богини, заговоров и астрологических предсказаний. Они организовали всю свою гильдию на протест против действий Павла и вынудили апостола покинуть город, чтобы не подставлять под удар местных христиан. Несмотря на этот конфликт, церкви в этом регионе продолжали расти, и теперь Павел пишет им послание, чтобы приободрить.

Он использует обороты речи, принятые в городе: говорит о «начальствах» и «властях», об особых знаниях, о «тайне», о любви, превосходящей любые духовные познания. Он упоминает о необычайном могуществе Иисуса — на случай, если его читателей заинтересует, каково Его место по сравнению с другими богами. Павел не оспаривает иерархию духовных существ, в которых верят люди; он просто указывает, что Иисус находится над всеми ими. Мало того, он сообщает, что и сами христиане находятся вместе с Иисусом в высших небесных сферах и владеют духовным оружием, которое защитит их от истинной духовной опасности гораздо лучше, чем любое заклинание или амулет. Не вступая в прямой спор с языческой культурой, Павел подчеркивает подавляющее превосходство христианской истины над языческими обычаями. В евангелии больше силы, больше мудрости, больше возможностей.

В Послании к ефесянам также есть мощные молитвы, которыми мы можем молиться друг о друге, ожидая значительных результатов (Еф. 1:17–19; 3:16–19). Послание стройно и кратко излагает план спасения (Еф. 2:1–10), который начинается с нашей полной обреченности и заканчивается возвышением с Христом — доказательством Божьей работы в нас и через нас по благодати через веру. Здесь есть наставления о том, как развивать отношения с Христом, которые сравниваются с отношениями между женихом и невестой. Наша новая жизнь сравнивается с переодеванием в новую одежду, а духовные дары — это победные трофеи Иисуса и ключ к нашему созиданию в Его полноте. Также Павел упоминает ставший обязательным вопрос о евреях и язычниках, объявляя, что преграды между ними устарели.

Эти обширные темы тщательно исследуются последние два тысячелетия. Неудивительно, ведь некоторые мысли настолько непривычны, что поверить им непросто. Например, действительно ли мы безупречны в глазах Бога (Еф. 1:4)? Посажены с Иисусом на небесах (Еф. 2:6)? Исполнены всей Божьей полноты (Еф. 3:19)? Иногда мы смотрим на свою жизнь и видим, что она далека от этих высоких идеалов. При этом у нас есть два варианта. Во-первых, мы можем объяснить концепцию Павла в более понятных терминах, что, как правило, отчасти смягчает их смысл. Во-вторых, мы можем пойти глубже, замахнуться шире и стремиться ко всей полноте того, что предлагает нам Бог. Первый вариант поможет решить интеллектуальную дилемму, но, в конечном итоге, не принесет удовлетворения. Во втором же случае, поначалу может быть тяжело, но в результате мы непременно получим награду. Наш выбор говорит о том, насколько мы жаждем Бога. Полезно держаться за истину из Послания к ефесянам (3:20): Бог может «сделать несравненно больше всего, чего мы просим или о чем помышляем». Писание призывает нас к тому, что кажется невозможным, неоднократно напоминая, что невозможного не существует. Именно вера (дар Божий, согласно Еф. 2:8) поможет овладеть этой тайной и приведет нас к обильным Божьим благословениям.

#### ВОПРОСЫ ДЛЯ РАЗМЫШЛЕНИЯ

Почему сложно поверить в некоторые истины о жизни с Иисусом, например, что мы посажены с Иисусом на Небесах или исполнены Божьей полноты? Как мы можем испытать эти истины на практике?

## ДЕНЬ 80

# ПОСЛАНИЕ К ФИЛИППИЙЦАМ

Послание к филиппийцам очень эмоционально. Некоторые люди считают эмоции несовместимыми с духовной жизнью, но Павел бы с этим не согласился. Мы видим его пыл в Послании к галатам, скорбь во Втором послании к коринфянам, радость в Послании к филиппийцам. Действительно,

Павел вложил в свое послание к церкви в Филиппах много эмоций: радость, любовь, стремление, предвкушение встречи, сострадание. Он также дает филиппийцам советы относительно эмоций: честолюбия и тревоги. Павел даже поощряет их иметь одинаковые мысли и чувства (Флп. 2:1–2). Его слова дышат нежностью.

В этом отличие Послания к филиппийцам от некоторых других посланий Павла, где его слова могут звучать резко, сурово и даже гневно. Церковь в Филиппах причиняет ему меньше боли, чем другие, потому что у них, кажется, меньше всего проблем. Он благодарен им за денежную поддержку, присланную, по-видимому, во время его домашнего ареста в Риме. Но Павел также поучает, как это ему свойственно, и помогает решить несколько мелких проблем своих адресатов. Например, у них произошла ссора между двумя влиятельными женщинами, которая их, видимо, весьма обеспокоила. Павел призывает к миру, как в отношениях, так и в сердцах. Он говорит, что у филиппийцев нет существенных причин для беспокойства, поскольку Бог отвечает на все молитвы, вознесенные к Нему с верой и благодарностью. Им стоит сосредоточиться на хорошем, истинном и прекрасном, зная, что в таком случае у них в сердце будет Божий мир. Стоит служить друг другу в смирении, зная, что Бог благословляет услужливых людей. Бог действует в них и продолжит действовать, пока не сделает все, что нужно. Им не о чем волноваться.

Тем не менее, Павел указывает на несколько конкретных ситуаций, которые потенциально могут вызвать обеспокоенность. Среди них — его тюремное заключение и предстоящий приговор, а также благовестие, основанное на личных амбициях (некоторые верующие увлеклись им, пока Павел был в заключении). Проблему также представляют лжеучителя, возлагающие свою надежду на «плоть» — внешние атрибуты истинной веры, как и сам Павел некогда надеялся на свое еврейское наследие и набожность. Но все это ничего не стоит по сравнению с близким общением с Иисусом. Смерть означает приобретение Царства Божьего, и Павел к ней готов. Незначительное недовольство в среде филиппийцев, если его вовремя не остановить, может перерасти из мухи в слона. Павел успокаивает их, заверяя, что чистая радость возможна в любых обстоятельствах, потому что она намного глубже обстоятельств.

Кульминацией послания становится гимн об Иисусе, который Павел привел как пример правильных ценностей (Флп. 2:5–11). Иисус на собственном примере показал, что значит служить людям. Он добровольно отказался от Божьих привилегий, пришел на землю как человек и в конце концов пожертвовал Своей жизнью ради других. Вот что такое самоотверженность. Павел не просто описывает ее, а приводит наглядный пример. И если его читатели усомнятся в пользе такого образа жизни, все, что им нужно — это посмотреть, как Бог возвеличил Иисуса. Он получил самое высокое место на Небесах и на земле, Его имя чтится превыше всех имен. Придет время, когда все признают Его господство. Иисус добровольно излил Свою жизнь перед Богом; к этому же идет Павел, и к этому же должны идти филиппийцы. И тогда их ждет невообразимая награда.

Христиане любят разбирать это послание на цитаты: «Не заботьтесь ни о чем», «Все могу в укрепляющем меня Иисусе Христе», «Начавший в вас доброе дело будет совершать его даже до дня Иисуса Христа» и так далее. Но это не просто красивые слова. Это уверение в том, что источник радости — самоотверженность и служение. Едва ли нам хочется смиряться, когда обстоятельства и так уже к нам суровы. Но за этим последует наибольшее вознаграждение. Это единственный способ обрести настоящую радость в Господе и мир, превосходящий понимание.

ВОПРОСЫ ДЛЯ РАЗМЫШЛЕНИЯ

Как мы можем радоваться в любых обстоятельствах? Как ощущать мир в трудные времена? Что означает достичь смирения в наших отношениях с Богом и другими людьми?

## ДЕНЬ 81

# ПОСЛАНИЕ К КОЛОССЯНАМ

Никто сегодня точно не знает, какие лжеучения были распространены в Колоссах, но нам известна реакция Павла на них. Из его слов мы можем сказать, что эти учения преуменьшали роль Иисуса в жизни верующих и преувеличивали опасность духовных сил. Они также раздували важность праздников, субботы и аскезы — самоотречения и отказа от физических удовольствий. Другими словами, люди из церкви в Колоссах каким-то образом переоценивали собственные духовные упражнения и недооценивали власть Иисуса.

Верующие в Колоссах, кажется, не понимали, что надежда на собственные духовные способности и усилия ни к чему хорошему не приведет. Например, пытаясь достичь чистоты путем самодисциплины, человек полагается на плоть, которая уже доказала свою слабость и несостоятельность. Нет смысла в том, чтобы пытаться стать духовными, полагаясь на собственные усилия.

В противовес этому, Павел указывает на Иисуса, образ невидимого Бога. Иисус стоит выше всего. Все было сотворено Им и для Него. Он наследник всего, что принадлежит Богу, Глава Церкви, Тот, в Ком пребывает Бог. И это еще не все — Он уже освободил нас из царства тьмы, и нам не нужно что-либо дополнительно для этого делать. Иисус уже оплатил наш долг перед Богом. Он победил и посрамил все духовные силы, выступавшие против Бога и Его Царства. Он поднял нас из мертвых и дал нам сверхъестественную жизнь. Теперь мы можем разделить с Ним Его наследство.

Этого достаточно. Не нужно прилагать никаких усилий для перехода на более высокий уровень духовности. Не нужно стремиться к власти над духовными силами тьмы, поскольку эта власть уже у нас есть. Не стоит предаваться сложным философским рассуждениям или практикам, имеющим вид духовности. Никто не имеет права судить, насколько хорошо мы отмечаем праздники или субботу. Все это — лишь тень реальности, а не ее суть. Суть — это Иисус, а Он у нас уже есть в полной мере.

Послание к колоссянам напоминает, что в мире есть много духовных практик, которые кажутся чистыми, мудрыми и благородными, но, по сути, пусты. Это особенно верно в отношении духовных учений, которые делают акцент на наши действия, а не на дело Иисуса. Такие учения неверны. Даже собственные Божьи стандарты — постановления Божьего закона — не способны сделать никого праведным, говорит Павел в другом месте Писания. Полагаясь на систему убеждений, духовных практик или традиций, мы полагаемся на бессильные методы.

Тогда что же нам делать? «О горнем помышляйте, а не о земном» (Кол. 3:2). Если конкретнее, мы должны устремить свой взгляд на Самого Иисуса. Он берет верх над всем, что может привести нас к поражению, дает нам внутреннюю наполненность, очищает нас и имеет власть над каждым духом. Не существует духовных, эмоциональных или физических проблем, которые бы Он не мог решить. Когда мы сосредоточиваем внимание на Нем, а не на своих слабостях и неудачах, которые мы безуспешно пытаемся преодолеть, эти проблемы отходят на второй план. Мы побеждаем, если не боремся с ними сами, а возлагаем надежды на куда большую силу. Уступая дорогу Богу, мы получаем впечатляющие плоды.

ВОПРОСЫ ДЛЯ РАЗМЫШЛЕНИЯ

Каким образом, «помышляя о горнем» и глядя на Иисуса, мы восполняем свои духовные нужды? Почему такой подход к духовному росту угоден Богу и позволяет Ему сблизиться с нами?

## ДЕНЬ 82

# ПЕРВОЕ ПОСЛАНИЕ К ФЕССАЛОНИКИЙЦАМ

Возвращение Иисуса постоянно обсуждалось в ранней церкви, и большинство людей находили в этом ободрение. Но когда верующие стали умирать, не дождавшись Его, это вызывало тревогу и печаль. Как же человек войдет в Царство

Божье, если он умер до возвращения Иисуса? Так случилось, что у христиан в Фессалониках появились ложные ожидания относительно конца времен и Второго пришествия Христа. Павел с любовью исправляет их в своем письме и заверяет, что по возвращении Иисуса все верующие будут восхищены для встречи с Ним — как ранее умершие, так и живые.

Тем не менее, возвращение Иисуса чревато серьезными последствиями для живых. Он придет за чистыми людьми, поэтому мы должны жить в благочестии. Он установит Свою справедливость, поэтому мы не должны эксплуатировать других людей. Он придет, как тать в ночи, так что мы постоянно должны быть готовы. С точки зрения этики и морали, здесь не возникает вопросов, ведь благочестивый образ жизни всегда уместен. Что же касается психологического комфорта, людям сложно постоянно быть начеку, но, в то же время, не проявлять нетерпения. Здесь Павел подчеркивает, что Иисус может вернуться уже в ближайшее время, тогда как во Втором послании к фессалоникийцам напоминает, что, с другой стороны, возвращение может случиться нескоро и ему должны предшествовать некоторые признаки. Эта проблема проявляется и в других местах Нового Завета, и в нашей жизни. Сегодня неверующие насмехаются над самой возможностью возвращения Иисуса, в то время как христиане ждут Его с надеждой. Второе пришествие Христа — важная доктрина Писания, но обстоятельства этого события покрыты тайной. Даже Иисус сказал ученикам, что не знает, когда это случится.

Первое послание к фессалоникийцам охватывает и другие вопросы. В частности, Павел опровергает обвинения в том, что пренебрегал этой общиной или руководствовался корыстными мотивами в отношениях с ней. Да, он некоторое время не посещал Фессалоники, но значит ли это, что он не был предан фессалоникийцам? Павел говорит о своем страстном желании увидеть их, рассказывает, что сатана лишил его возможности прийти, и дает понять, что присутствие Тимофея означает участие всех апостолов в их жизни. Другими словами, он не «заочный апостол», пренебрегающий своими подопечными. Он часто думает о них, и его привязанность к ним ничуть не ослабла.

Еще одна проблема этой церкви — безработные. Возможно, эти люди были избалованы поддержкой богатых христиан, а может, просто ленились. Как бы то ни было, Павел призывает их трудиться и искать возможности самостоятельного заработка. Эту тему он еще подробнее раскроет в следующем письме, но необходимость в указаниях уже назрела. Молодая община в Фессалониках была основана на щедрости и совместном использовании средств; теперь же, во время гонений, когда все еще больше сблизились, одни люди несли большее бремя, чем другие. Очень важно, чтобы каждый вносил свой самоотверженный вклад.

Послание заканчивается интересным и убедительным списком. Краткий отрывок (5:16–22) содержит самые разнообразные наставления: «Всегда радуйтесь. Непрестанно молитесь. За все благодарите, ибо такова о вас воля Божия во Христе Иисусе. Духа не угашайте» (ст. 16–19). Затем, после наставления о праведной жизни, следует одно из самых обнадеживающих обещаний Писания: «Верен Призывающий вас, Который и сотворит это» (5:24). Бог обещает совершить то, что мы не можем совершить сами: не только дать нам Свою праведность, но и помочь во всем, к чему Он нас призывает. Если мы идем за Ним, у нас всегда будет достаточно сил и возможностей. Наш путь может быть длительным и извилистым, но он безопасен. Бог всегда доводит до конца то, что начинает.

ВОПРОСЫ ДЛЯ РАЗМЫШЛЕНИЯ

Как наша надежда на возвращение Иисуса влияет на наш образ жизни? На наши поступки? На нашу чистоту? На отношения с другими людьми?

## ДЕНЬ 83

# ВТОРОЕ ПОСЛАНИЕ К ФЕССАЛОНИКИЙЦАМ

Павел написал еще одно послание фессалоникийцам вскоре после первого. Такую спешку можно объяснить лишь тем, что некое событие внезапно изменило ситуацию в церкви. Из слов Павла можно заключить, что кто-то подложным письмом, якобы от Павла, попытался убедить церковь, что Иисус уже вернулся. Фессалоникийцы очень встревожились, ничего не зная о Его приходе и боясь остаться в стороне. Павел убеждает их, что Иисус пока не вернулся и что на Его возвращение должны указать определенные знаки. Павел довольно туманно говорит об «отступлении», «сыне погибели» и чем-то или ком-то, пока «удерживающем» беззаконие. Павел и его спутники совершали среди фессалоникийцев истинные чудеса и знамения, сатана же для обмана будет использовать фальшивые знамения и чудеса. В разгар этих событий верующие должны быть стойкими и решительными. Их плодотворная жизнь и свидетельства Духа — достаточные доказательства, что они не останутся в стороне, когда Иисус придет. Он пообещал спасти Свой народ и не собирается им пренебрегать.

Ошибочное мнение о возвращении Иисуса, кажется, усугубило некоторые проблемы верующих в Фессалониках. Вероятно, они толковали недавние гонения как Божий суд, а не знак того, что они находятся на правильном пути и встречаются с тем же сопротивлением, что и Иисус когда-то. Павел уверяет, что их стойкость — красноречивое свидетельство об их спасении и что в свое время Бог жестоко осудит их врагов. Другая проблема заключалась в том, что христиане, не желавшие трудиться, судя по всему, оправдывали свою лень тем, что Иисус уже пришел. А даже если нет, то придет со дня на день — так стоит ли работать? Эта логика всплывала еще не раз на протяжении истории церкви и всегда приносила вред. Говорят, Мартин Лютер однажды заметил, что посадил бы дерево, даже если бы знал, что на следующий день наступит конец света. В отличие от него, многие люди прекращают трудиться на свое будущее, когда полагают, что видят приметы последнего дня. Однако из слова Павла и других мест Писания вытекает, что в день Второго пришествия Иисус предпочел бы найти нас за работой, а не в праздности.

Важно помнить, что в любом пророчестве или обещании редко уточняются сроки. Писание говорит о многих людях, которые, получив видение или призвание от Бога, ждали их исполнения долгие годы. Бог исполнит обещанное, но не обязательно тогда, когда мы этого ждем. Наше желание знать Божьи сроки почти непреодолимо, но догадки, как правило, ошибочны. Это касается и нашей личной жизни, и, тем более, ключевых вопросов истории. Какие бы знаки Второго пришествия мы ни наблюдали, мы не можем ничего знать наверняка, пока это не произойдет. Точно также мы не можем знать, когда исполнятся более частные Его обещания, данные лично нам. Но они определенно исполнятся.

Поэтому терпение — ключевая добродетель Божьего Царства. Божьи сроки отличаются от наших. Его планы невероятно обширны и поэтому иногда раскрываются очень медленно. Иные же Божьи действия могут показаться нам внезапными, но, как правило, им предшествуют годы подготовки, которую мы не замечали или не осознавали. На первых порах Бог действует почти незаметно. Он укрепляет нашу веру и доверие Ему. Нам остается лишь терпеть и не сдаваться.

Именно это Павел говорит фессалоникийцам. Держитесь. Не унывайте. Не отчаивайтесь, не верьте лжи, что время выполнения обещаний прошло. Не делайте ложных выводов о Божьих сроках. Следите за знаками и ждите с надеждой. В установленный срок все Его намерения исполнятся.

### ВОПРОСЫ ДЛЯ РАЗМЫШЛЕНИЯ

Как совместить готовность к возвращению Иисуса и ответственность за планирование будущего? Почему терпение так важно для Божьего Царства?

ДЕНЬ 84

# ПЕРВОЕ ПОСЛАНИЕ К ТИМОФЕЮ

Уезжая из Эфеса в Македонию, Павел оставил там Тимофея — как человека, хорошо знающего истину и способного противостоять лжеучениям. Теперь он пишет письмо, чтобы ободрить Тимофея и дать ему конкретные указания относительно проблем, с которыми сталкивается его юный «наместник». Он напоминает Тимофею пророческие слова, сказанные о нем. Держась за них, он сможет сосредоточиться на своем призвании и «подвизаться добрым подвигом веры». Тимофей призван оставаться стойким в вихре бурных дебатов.

По большей части, письмо представляет собой практическую пасторскую консультацию. Какие качества необходимы церковному лидеру? Как отличить действительно нуждающихся людей, особенно вдов, от тех, кому помощь не нужна? Как жить по вере среди лицемерия? Эти вопросы актуальны в любую эпоху, но многих интересует, все ли ответы Павла применимы сегодня. Он делает несколько довольно спорных утверждений о женщинах, хоть и уточняет, что это его личная позиция. Насколько она отражает позицию Бога? Универсальны ли его соображения или справедливы только в контексте современной ему культуры? Не зная точного контекста, в котором Павел давал эти рекомендации, возможно ли понять, что он имел в виду? Христиане продолжают спорить и рассуждать об этом, иногда смиренно и уравновешенно, а иногда придирчиво, с законничеством, которое Павел осуждает и в этом послании, и в других письмах. Как следует воспринимать пасторские наставления Павла (не только о роли женщин, но также о церковных лидерах и других вопросах служения) — как непреложные правила или как отеческие советы? Этот вопрос стал предметом разделений, которых самому Павлу наверняка хотелось бы избежать.

Во всех своих посланиях Павел ревностно защищает главные христианские доктрины — о природе Бога и Иисуса, о пути к спасению, о богодухновенности Писания — и в то же время очень нетерпим к пустым спорам и маловажным деталям. Он с презрением отзывается о лицемерии, законничестве, философствовании, измышлениях, пустых спорах и людях, сеющих распри. Он часто указывает своим читателям на простоту спасения — Иисус Сам сделал все необходимое и зажег Свою жизнь в нас. Судя по всему, доктринальные споры в какой-то момент охватывали почти каждую церковь первого века, и смысл в них был лишь тогда, когда христиане искренне пытались разобраться, что сделал Бог и каково практическое значение Его дел для человечества. Принял бы Павел участие в бесконечных богословских копаниях, столь свойственных нашему времени — когда люди пытаются разложить по полочкам Божью тайну, при этом пренебрегая практическим служением? Пожалуй, нет. Он всегда сосредоточивался на сути веры. Божий народ призван объединяться вокруг существенного и отбрасывать разделяющие детали.

Вопросы, которые Павел поднимает в Послании к Тимофею, свидетельствуют, что церковная жизнь в первом столетии была столь же запутанной, как и сегодня. Любая неоднородная группа людей подразумевает разное прошлое, нужды, планы, мнения и точки зрения. Нужно время, чтобы в них разобраться. Совет Павла Тимофею — помнить пророчество о его призвании — необычайно важен. Мы не можем сосредоточиться на цели, если забываем, как Бог вел нас в прошлом и что Он обещал через нас совершить. Проблемам и мнениям легко отвлечь нас от чистосердечного посвящения Иисусу. Мы начинаем относиться к вере как к некоему умственному, или эмоциональному, или даже практическому упражнению, забывая, что в нас живет Иисус. Он движет нами и ведет нас каждую секунду, а не просто следит, чтобы мы следовали своду правил. Мы можем лишь подвизаться добрым подвигом веры и держаться вечной жизни, к которой Бог нас призвал (1 Тим. 6:12). Евангелие — это живая истина, а не спор о доктринах. За него стоит бороться.

### ВОПРОСЫ ДЛЯ РАЗМЫШЛЕНИЯ

Считаете ли вы, что некоторые христиане и церкви сегодня разделены из-за несущественных деталей и погрязли в надуманных аргументах? Обоснуйте ваше мнение. Какие существенные убеждения должны разделять все христиане?

ДЕНЬ 85

# ВТОРОЕ ПОСЛАНИЕ К ТИМОФЕЮ

Находясь под домашним арестом в Риме, Павел пишет Тимофею еще одно письмо, где просит навестить его. Это письмо гораздо более личное, чем предыдущее, и менее сконцентрировано на делах; в нем меньше говорится о роли Тимофея в церкви и больше — о его духовном росте. Это самое неформальное и теплое из посланий Павла, ведь другие адресованы менее близким друзьям или группам. Он скорее хочет разделить с Тимофеем свои чувства, чем дать ему какие-либо наставления.

Этот стиль дает нам редкую возможность чуть лучше представить личную жизнь апостола. Он с грустью пишет, что многие покинули его, а некоторые даже стыдятся его заключения в Риме. Он сетует, что лишь Лука остался с ним, и приглашает Тимофея прийти. Столь решительный человек, как Павел, робко просит Тимофея не стесняться его, заявляя, что ему не стыдно, потому что он знает, в Кого уверовал. И поскольку Тимофею «дан дух не боязни», ему тоже не стоит стыдиться своего свидетельства. Из того, как Павел использует слова «уверенность» и «стыд», видно, что он понимает: его арест и долгое заточение наверняка выставляют его не в лучшем свете перед верующими и внешним миром. Но это неизбежный результат его служения. Он не извиняется, но понимает, как это влияет на основанные им церкви. Он хочет убедиться, что возникшая ситуация не подорвала убеждений Тимофея.

Хотя цель письма не дидактическая, у Павла все же есть несколько советов для Тимофея. Он хочет, чтобы его юный друг закалялся, как воин, и трудился, как земледелец, был целеустремленным, настойчивым и терпеливым. Он должен доверить истины евангелия надежным людям, чтобы те могли использовать их для обучения других. Как Павел уже говорил в своем первом письме, Тимофею следует избегать бессмысленных споров и глупых дискуссий, представляя себя Богу достойным, верно преподающим слово истины. Ведь это очень важно для Божьих служителей, которые должны проявлять снисходительность даже к очень сложным людям и с кротостью учить несогласных. Доказательства в дискуссии не так важны, как хорошее свидетельство самим своим характером.

Наконец, Павел предостерегает Тимофея от нечистоты и напоминает о развращении последних дней. Люди станут гордыми, жадными, вздорными, неблагодарными и непокорными духовным истинам. Любое поколение может примерить это описание на себя, но смысл не в этом. Смысл в том, чтобы понимать соблазны нечестивого мира и избегать его ловушек. Павел выполнил эту задачу и теперь с уверенностью может сказать, что боролся достойно. Теперь пришло время завершить забег и ожидать награды. Павел видит свой конец и готов к нему.

Нам всем бы хотелось в конце жизни иметь такое видение. В словах Павла мы слышим отголосок слов Иисуса о том, что Он совершил дело, которое Отец поручил Ему исполнить (Ин. 17:4). Павел мог бы сожалеть о своей жизни до обращения в христианство, но вместо этого сосредоточился на будущем — на том, что он мог совершить с обретенной благодатью. Мы должны поступать так же: оставлять неудачи позади и тратить жизнь на то, что имеет вечную ценность.

В Царстве благодати и новой жизни нет места сожалениям. Мы не гонимые ветром осенние листья, а семена, которые прорастают по весне и приносят плоды. Нам стоит отпустить горечь утраченных возможностей и с усердием выполнять задачи, которые Бог ставит перед нами сейчас. Если мы пробежим свое поприще и устоим в своей битве, каждый день черпая из источника благодати, Он будет доволен. Когда наша жизнь подойдет к завершению, мы тоже получим венец правды, как и все, кто ждет возвращения Иисуса.

### ВОПРОСЫ ДЛЯ РАЗМЫШЛЕНИЯ

Как сравнения с воином и земледельцем помогают нам сосредоточиваться на самом важном? Почему необходимо избавиться от всего, что отвлекает нас в духовной жизни?

## ДЕНЬ 86

# ПОСЛАНИЕ К ТИТУ

В отличие от Второго послания Тимофею, письмо Павла Титу прямое и деловое — откровенное выражение апостольской власти. Павел недавно основал церкви на Крите и оставил там руководителем Тита, но в эти церкви быстро просочились лжеучителя. Заблуждения всегда опасны, особенно для новообращенных верующих без прочного основания веры. Работа Тита и назначенных им епископов — укрепить их в истине. Павел описывает требования к благочестивым пресвитерам: они должны быть положительными, уравновешенными людьми, не поддающимися искушениям. Такие люди всегда смогут дать отпор лжеучениям.

Мы не знаем характер лжеучений, проникших в церковь на Крите. Возможно, как и в Колоссах, это была разновидность иудаизма с его мифами, законническими обрядами и бесконечными спорами. Как бы ни было, лжеучителя говорили о чистоте, но не проявляли ее в своей жизни. Похоже, это устраивало жителей Крита, где, по словам Павла, царило моральное разложение. Но вообще-то, в любой культуре можно утверждать, что знаешь Бога, а жить, как предписывает общественное мнение. Так и делали лжеучителя. Павел говорит, что их действия расходятся со словами. Своим образом жизни они отвергают Бога и ведут других тем же путем.

Вот почему очень важна характеристика достойного руководителя церкви, которую сформулировал Павел. Важно также, что он поощряет старших мужчин и женщин наставлять молодежь в вопросах жизни и веры. В письме подчеркивается важность практических аспектов христианской жизни — то, как мы отвечаем Богу на Его действия и используем данные нам ресурсы. Как и в других своих письмах, Павел вначале говорит об источнике нашей жизни и только затем — о том, как себя вести. Внутренние изменения первичны, а за ними следуют действия. Любое «евангелие», сосредоточенное на внешнем поведении, — вовсе не Евангелие. Невозможно заставить старую природу действовать по-новому.

В стихах Тит. 2:11–14 и 3:3–6 Павел резюмирует суть евангелия. В этих отрывках подчеркивается приоритет нового творения внутри нас — новой жизни, которую мы имеем по благодати через веру, — однако правильным поступкам также уделяется внимание. Не нужно рассчитывать, что праведность внезапно снизойдет на нас в момент возвращения Иисуса — нужно жить праведно уже сейчас. Как дерево приносит плоды соответственно своему биологическому виду, наши действия отражают нашу внутреннюю сущность. Внутренние изменения всегда имеют внешние доказательства. Если мы едины с Богом, это должно как-то проявляться.

Истина Иисуса непременно распространяется на все: наши отношения, моральный выбор, убеждения, привычки, финансы. Нельзя разделять свою жизнь на части: духовную, с преданностью Богу, и мирскую, с навыками, выгодными на практике. Если Иисус реален в одной области жизни, Он должен быть реальным во всех остальных. Бог спасает нас не частично; Его план спасения включает тело, душу, дух. Сегодня многие христиане понимают спасение как чисто духовное явление, не осознавая всей его полноты. Даже зная истину, многие не имеют желания жить ею. Однако Писание не оставляет нам такого выбора. Бог хочет воцариться в каждой сфере нашей жизни, в сердцах, мыслях и действиях. Он хочет отношений со всем нашим естеством. А иначе нам не видать обещанных Им надежды и славы.

### ВОПРОСЫ ДЛЯ РАЗМЫШЛЕНИЯ

Замечаете ли вы, что разделили жизнь на части и не допускаете Бога в те или иные ее сферы? Если да, что вы можете сделать, чтобы принять спасение во всей его полноте?

ДЕНЬ 87

# ПОСЛАНИЕ К ФИЛИМОНУ

Во время своего служения в Колоссах Павел привел к Иисусу одного человека. Этот человек, Филимон, впоследствии стал руководителем церковной общины, которая собиралась в его доме. Спустя годы, находясь под арестом в Риме, Павел знакомится с беглым рабом по имени Онисим, который, скорее всего, пытался скрыться в большом городе. Павел обращает этого раба к Иисусу и становится его «отцом» в Господе. Онисим мог бы оказаться весьма полезным Павлу, помогая в его нуждах, — заключенные сами должны были обеспечивать себе питание, крышу над головой и другие потребности под присмотром римского охранника. Павлу наверняка пригодился бы помощник. Но он понимает, что Филимон лишился слуги, а также денег или ценностей, которые тот, возможно, прихватил с собой. Правильно было вернуть Онисима его хозяину.

Для Онисима это означало, что придется не только подавить гордость, но и рискнуть жизнью. Филимон имел право казнить беглого раба, ведь его поступок считался серьезным преступлением. Но Павел призывает Филимона простить Онисима. Как апостол, он мог бы сказать это в форме приказа, но он не хочет идти этим путем. Он обещает Филимону возместить любые убытки, которые тот понес, вероятно, надеясь, что чувство неоплатного долга перед Павлом не позволит Филимону ничего требовать. Павел предлагает решение и рассчитывает, что Филимон его примет.

В своем письме Павел мог бы упомянуть о том, что рабство — зло, но он этого не делает. Этот факт возмущает многих людей, и их можно понять. Однако Павел имел дело с культурой, в которой не предвиделось изменений по этому вопросу. В своих высказываниях он никогда не оспаривал римских порядков. Рабство было данностью, причем более разнообразной, чем мы привыкли думать. Некоторые рабы были военнопленными или «трофеями» из покоренных народов, но очень многие добровольно шли в услужение на определенный срок, чтобы погасить свои долги. Мы не знаем, в какой ситуации был Онисим, но известно, что он сам, как и Филимон, считал свой побег неэтичным и незаконным и что их отношения были не в порядке.

Отношения с Иисусом должны влиять и на отношения с другими людьми, по крайней мере, в идеале. Иисус велел нам прощать, как Он простил нас. Он грозил серьезными последствиями тем, кто получает огромную милость Божью, но лишает других своей милости за наименьшие проступки. Прощение — неотъемлемая часть евангелия, поэтому история Онисима и Филимона стала живой притчей о Благой вести. Некто, кому грозит смерть, получает прощение от своего господина, поскольку Сын Божий ходатайствует за него и велит записать все долги на Его счет. Это мощный отголосок Благой вести, особенно когда бывший раб становится братом во Христе. Таково евангелие в действии.

Важно, что Павел рассматривает ошибку Онисима в свете высших Божьих целей. Онисим сбежал незаконно, но мятежный путь привел его к Павлу и, как следствие, к вечному спасению. Он больше не раб, он теперь гораздо важнее и для Павла, и для Филимона. Несмотря на его ошибки, Бог повернул все ему ко благу (Рим. 8:28).

Это центральная идея Писания в целом и Послания к Филимону в частности. Посреди разрухи начинается возрождение. Мирятся враги, прощаются преступления, и Божья любовь изливается в каждую сферу нашей жизни. Бог не упускает из виду ни общие цели, ни личные обстоятельства каждого человека. Он восстанавливает нас и наши отношения.

ВОПРОС ДЛЯ РАЗМЫШЛЕНИЯ

Чем история Онисима похожа на евангелие?

## ДЕНЬ 88

# ПОСЛАНИЕ К ЕВРЕЯМ

Еврейские христиане переживали неприятные времена. Некоторые из них оказались в тюрьме или же подвергались истязаниям (Евр. 13:3). Они столкнулись лицом к лицу с враждебностью религиозных лидеров, на которых когда-то полагались, и поняли, что их хотят отторгнуть от культуры, из которой они произошли. Иудейские лидеры порой задавали серьезные, весомые вопросы, например: как Иисус может быть первосвященником, если Он даже не левит? В результате многие новообращенные усомнились в своей вере в Мессию и отпали от Него, вернувшись к комфорту и безопасности привычных взглядов. Некоторые сомневались или просто устали и перестали уделять внимание учению Иисуса и общению Его народа. Похоже, мессианское движение теряло людей десятками и сотнями.

Автор Послания к евреям — кто он, нам точно не известно, — пишет верующим из евреев, чтобы убедить их не сдаваться. Вначале он подчеркивает уникальность и верховную власть Иисуса. Это не просто ангел, пророк или священник. Это Сын Божий, совершенный образ Отца, идеальное отражение славы Божьей. Он пришел в виде человека (еврея!), разделил со Своим народом его слабости, испытания и искушения; однако Он не был похож ни на одного известного священника. Действительно, Он не левит, но священство Аарона имело свои ограничения. Иисус принадлежит к другому священническому чину, представленному Мелхиседеком, таинственным «царем правды», который явился Аврааму, чтобы принять жертвы и разделить с ним пищу из хлеба и вина (Быт. 14:18–20). Это вечное и святое священство, не похожее на круговорот жертвоприношений и повторяющихся из года в год храмовых обрядов, которые являются лишь тенью небесной реальности. Только Мессия может спасти людей.

Автор Послания к евреям проводит параллель между евреями-христианами и их одноплеменниками, освобожденными из египетского плена и роптавшими в пустыне. Он предупреждает: нельзя ожесточать сердца в неверии, как это делали их предки. То поколение из-за недостатка веры упустило Землю обетованную; что же останется этому поколению, если оно отпадет и пренебрежет величайшим спасением? Другого пути к спасению уже не будет. Если мы отойдем от Мессии, мы потеряем Его благословение и навлечем на себя суд живого Бога.

В подтверждение своей мысли о том, что пустыня — это нормально и что Бог непременно избавит сохранивших веру, автор напоминает своим читателям многих героев веры, которые остались верны Богу, несмотря на огромные трудности (Евр., гл. 11). На их примере видно, что Божьи обетования наследуются через веру и терпение, без которых целые поколения могут выпасть из Божьего плана. Верующие в Иисуса должны проявлять стойкость, смотреть только на Него, понимать, что Божье наказание — это признак усыновления, и держаться за Него, даже когда весь мир сотрясается. Ради жизни с Христом, возможно, придется отдать все, но оно того стоит. Невозможно угодить Богу без веры — такой, которая способна перенести самые напряженные конфликты и отсрочки. Отпасть значит повторить трагическую историю Израиля. Стойкость веры — ключ к благословениям ныне и вовеки.

Нигде в Писании не делается более сильный акцент на вере, чем в Послании к евреям. Вера — это осуществление ожидаемого и уверенность в невидимом. Мы часто удивляемся, когда нашу веру постигают испытания, когда обстоятельства противоречат Божьим словам, а Его обещания не спешат исполняться. Послание к евреям и остальные книги Писания свидетельствуют, что это нормально. Это единственный способ настроиться на Божьи цели и войти в Его покой. Такую веру Бог обязательно вознаградит. Если мы не сходим с Его пути, нам открывается полнота радости. Ведь так Он обещал.

### ВОПРОСЫ ДЛЯ РАЗМЫШЛЕНИЯ

Почему вера невозможна без выдержки и терпения? А почему невозможно угодить Богу без веры?

ДЕНЬ 89

# ОТКРОВЕНИЕ ИОАННА, 1–3

Автор Евангелия и трех посланий, Иоанн, сослан на остров Патмос, неподалеку от побережья Малой Азии и города Эфеса. Одно время он жил в Эфесе и служил в местной церкви и в окрестных городах. Для его изгнания не было других причин, кроме свидетельства об Иисусе в период гонений; нам неизвестно, случилось ли это во времена Нерона в 60-е или в период правления Домициана в 90-е годы. Нам известно лишь то, что когда церковь пребывала в стесненных обстоятельствах, Иисус дал Иоанну видение о том, «чему надлежит быть вскоре» (Откр. 1:1), введение в общую картину за кулисами физического мира. Занавес приподнимается, чтобы показать тронный зал Бога, ангелов и демонов, разоблачение заклятого врага — сатаны, испытания и невзгоды, которые придут в мир, окончательное торжество Иисуса, которому Его народ будет радоваться вечно. Все это должно было ободрить гонимых христиан и укрепить их веру, ведь окружающий мир создавал впечатление, что зло побеждает. Однако реальная картина из Откровения показывает, что никакая победа злу не светит. Оно находится в процессе полного истребления.

Но книга начинается не с этой торжественной ноты. Прежде чем познакомить нас со своим видением, Иоанн рассказывает о том, как Иисус явился ему, повелел записать все увиденное и отправить семи церквам ближайших городов. В следующих двух главах содержатся краткие сообщения этим семи церквам. В большинстве случаев Иисус начинает с похвалы (кроме Лаодикийской церкви), в нескольких словах исправляет их курс (церкви в Смирне и Филадельфии не получили упреков) и заканчивает словами ободрения, в том числе обещанием вознаградить тех, кто будет слушать и повиноваться. Эти сообщения содержат неявные намеки на культурно-географические условия городов. Все эти церкви в той или иной мере страдали от преследований, боролись с лжеучениями и с искушением пойти на какой-либо компромисс. Среди них есть сильные и ревностные общины, а есть более слабые и апатичные. Но на каждую из них обращен внимательный взор Иисуса.

Хотя эти обращения предназначались конкретным общинам, давно прекратившим свое существование, они содержат очень ценную информацию для нас. Бог владычествует над нашими обстоятельствами; Он позволяет сатане причинять боль Его народу, но сдерживает его ради избранных. Сатана соблазняет Его людей, но Бог дает им силу оставаться чистыми и верными; Он готовит огромное вознаграждение за веру и выносливость; страдания краткосрочны, а Царство и его награды — вечны. В этой части книги содержится очень важное обращение к любой церкви: каждый, кто услышит стук Иисуса и откроет Ему дверь, будет наслаждаться общением с Ним. На первый взгляд, эти слова адресованы конкретным общинам, пригласившим Иисуса к таинству причастия, но следует понимать их шире. Бог явно заявляет о Своем желании иметь близкие отношения со Своим народом. Он зовет нас к близости, и те, кто отзывается, могут насладиться Им в полной мере.

Побеждающему уготованы многие награды: возможность «не потерпеть вреда от второй смерти», есть от дерева жизни в Божьем раю, сокровенная манна, новое имя, белые одежды, запись имени в Книге Жизни, роль «столпа» в новом Иерусалиме, власть над народами, возможность разделить с Иисусом Его престол. Это невероятные обетования, исполнение которых зависит от нашей верности в испытаниях и искушениях. Они обещаны терпеливым, несовершенным, но победившим, способным выйти из схваток с миром с нерушимой верой; людям, чью уверенность в Иисусе не подрывают даже самые злостные духовные противники. Да, мы многократно спотыкаемся и падаем, но Бог все равно объявляет нас победителями, если мы поднимаемся и остаемся в Нем. Терпение — это ключевая духовная добродетель, которую Бог очень высоко ценит. Его стремление к общению с нами воплощается, когда мы преодолеваем все преграды.

ВОПРОСЫ ДЛЯ РАЗМЫШЛЕНИЯ

Кто такие «побеждающие»? Какие обетования Иисус дает этим людям?

ДЕНЬ 90

# ОТКРОВЕНИЕ ИОАННА, 4–22

Едва ли найдется другая книга Священного Писания, у которой было бы так же много разнообразных толкований, как у Откровения. С одной стороны, видение Иоанна похоже на символическое описание правления Нерона и его преемников после падения Иерусалима. С другой стороны, это видение имеет более масштабный и всеобъемлющий характер. Мы знаем, что начало книги адресовано нескольким конкретным церквам, современным Иоанну, а ее завершение описывает пункт назначения Божьего народа и убедительную победу Иисуса над злом. Итак, в книге есть и близкая, и долгосрочная перспектива, но между ними — множество загадочных картин. Образы Откровения поднимают больше вопросов, чем дают ответов.

Как бы то ни было, некоторые вещи мы знаем наверняка. Например, что быть у Божьего престола весьма интересно и захватывающе. Там множество людей, вспышки молнии и раскаты грома, цвета и текстуры, величие, которое Иоанн едва может описать — а главное, это место наполнено славой, воздаваемой Иисусу, Агнцу Божьему и Царю царей. Мы также видим, что события на земле определены вселенским восстанием против Бога, которое Он пресек через Иисуса, предложив бунтовщикам очень «гуманные» условия. Враг еще не отказался от боя, но Бог пока еще не до конца высвободил Свое правосудие. Придет время, и Он в поразительно короткий срок уничтожит испорченную мировую систему со всей ее жадностью, несправедливостью и порочными замыслами, а сатану бросит в огненное озеро. Предстоят сражения и казни, порой жестокие и опустошительные, но исход уже предрешен — Иисус победит. Но до полного проявления этой победы многие народы впадут в заблуждение, а многим из народа Божьего придется пострадать за истину.

В первых трех главах, на примере семи церквей, Иисус ясно дает понять, что награды за верность необычайны. Последние главы Откровения описывают свадьбу между Иисусом и Его народом: Новый Иерусалим спустится с небес; храм наполнится Божьим присутствием; откроется свободный доступ к дереву жизни; Бог утрет каждую слезу; все творение охватит безудержное ликование. Бог изменит все вокруг, и каждый жаждущий сможет прийти к Нему и насладиться живой водой.

Цитируя пророка Исаию, Павел однажды написал, что глаз не видел, и ухо не слышало, что приготовил Бог любящим Его. В действительности, ни один человек не способен представить это своим разумом. На Небесах мы будем весьма удивлены, поскольку нас ожидает нечто превосходящее наше воображение. Все, что мы представляли, померкнет перед лицом реальности. Так почти всегда бывает при воплощении Божьих планов даже в нашей земной жизни, и тем более так будет при реализации окончательного Плана. Бог не просто вернет нас к состоянию в Эдеме до грехопадения. Его замысел куда грандиознее, и мы не разочаруемся.

По этой причине книга Откровение заканчивается мольбой о пришествии Иисуса. Мы стремимся к совершенному Спасителю, зная, что многое может пойти не так в этом мире. Мы благодарны за спасение, которое Он совершил, за Духа, Которым Он нас наполнил, за цель и смысл, которые Он принес в нашу жизнь. Но иногда жизнь причиняет боль, и мы жаждем дня, когда это прекратится. В Откровении есть обещание, что этот день придет неожиданно, как вор в ночи. Дух и Невеста манят нас, а мы зовем Иисуса. Это действительно брак, заключенный на Небесах, и он исполнит все желания нашего сердца.

### ВОПРОСЫ ДЛЯ РАЗМЫШЛЕНИЯ

Почему для нас важно знать конец истории, пока мы живем в ее середине? Как общая картина полноты и радости, изображенная в главах 21–22 Откровения, влияет на нашу жизнь сегодня?

# ЗАКЛЮЧЕНИЕ

Великая история, которая началась с грехопадения прекрасного Божьего творения, заканчивается восстановлением и счастьем сверх наших желаний. Сломанное починено, запятнанное очищено. Справедливость восторжествовала, и милость празднует победу. На протяжении всей истории мы видели неустанное стремление Бога к близости с Его народом — и народ, пусть нерешительно и несовершенно, но в конце концов ответил Ему взаимностью. Из скитальцев мы стали вначале робкими последователями, затем служителями, детьми, Невестой. Глубины, которых мы достигли, и высоты, на которые мы поднялись, поражают и завораживают. С точки зрения Бога, это величайшая история любви, которую только можно представить: Царь приходит спасти свою Невесту и заключить ее в Свои объятия. С человеческой точки зрения, это превосходный вариант сюжета «из грязи в князи» — о сиротах и бунтарях, которых Царь, вопреки всему, сделал Своими детьми и близкими друзьями. Главный вопрос всего Писания в том, кто ответит Царю взаимностью, а кто нет. Ответившие увидели сердце Царя и Его намерения сквозь ложь окружающего мира, приняли Его благость, поверили и сказали Ему «да».

Кульминация истории — это воплощение Царя, Его смерть и воскресение. Без них не было бы искупления. Никто не смог бы оплатить свой грех, нас постигло бы правосудие, и мы остались бы ни с чем, неспособные соответствовать высоким стандартам и платить по счетам. Спасение чрезвычайно дорого обошлось Царю, но Он с радостью заплатил эту цену.

Нам тоже нужно дорого платить — мы отдаем все, чтобы следовать за Ним, — но и нам это приносит огромную радость. Иисус дает нам Свою жизнь в обмен на наши, и это лучшая сделка из всех когда-либо предложенных. Итог — это тесный союз между нами и Богом, даже более прочный, чем связь Бога с Его первым творением в Эдемском саду.

Это мотив творения, цель человеческой истории и наше предназначение в вечности. Иными словами, это то, для чего мы были созданы. Сам Бог гарантирует, что все это свершится, если мы в своем сердце ответим на Его призыв. Писание передает нам этот призыв множество раз. Наша судьба зависит от того, как мы на него откликнемся.

ПРИЛОЖЕНИЕ

# ВОПРОСЫ ДЛЯ ОБСУЖДЕНИЯ В МАЛЫХ ГРУППАХ

В первую очередь эта книга предназначена для личного общения с Богом, но ее также можно использовать в небольших группах в качестве обзорного курса, рассчитанного на тринадцать недель. Для вашего удобства мы перенесли в этот раздел все вопросы для размышления, разделив их на тринадцать встреч. Не каждая встреча соответствует ровно семи дням — некоторые покрывают материал шести или восьми отрывков для ежедневного чтения, чтобы не разрывать книги Библии между несколькими встречами. Участникам группы следует это учитывать, если они используют материалы для ежедневного чтения. В результате тринадцати недель обсуждения участники получат более глубокое представление о Божьем Слове в его смысловом единстве и полноте.

## ВСТРЕЧА 1

**Ветхий Завет:** Какие первые ассоциации возникают у вас, когда вы думаете о Ветхом Завете? Насколько он важен для понимания Нового Завета, на ваш взгляд? Почему?

**Бытие, 1–3:** Как из книги Бытие следует, что Бог уже спланировал путь спасения от греха? Верите ли вы, что подобным образом у Бога уже есть выход из наших сегодняшних проблем? Почему (или почему нет)?

**Бытие, 4–11:** Каким образом в 4–11-й главах книги Бытие раскрывается смысл истины, описанной в Послании к римлянам (8:20–21)?

**Бытие, 12–24:** Приходилось ли вам ждать исполнения Божьего обетования очень долго — почти как Аврааму и Сарре? Какие искушения были у них, пока они ждали? У вас тоже случались подобные искушения? Как вы с ними справились?

**Бытие, 25–36:** Понимаете ли вы, почему Иаков боролся с Богом? Было ли в вашей жизни нечто похожее? Как вы думаете, почему Бог не против подобных столкновений с нами? Ободряет ли вас то, что избранные Богом люди порой вели себя далеко не образцово? Соответствует ли это современным представлениям о том, через каких людей действует Бог?

**Бытие, 37–50:** Близки ли вам испытания Иосифа? Как вы ведете себя, когда с вами обращаются несправедливо? Легко ли вам прощать других людей? Если вы знаете, что вся ваша жизнь — в Божьей власти, легче ли вам прощать других и доверять Богу даже в сложных обстоятельствах?

## ВСТРЕЧА 2

**Исход, 1–15:** Что мы можем узнать о Божьем характере из истории Исхода? Какие Его качества ощутил на своем опыте израильский народ? Какие Его качества вы ощущаете на своем опыте в минуты нужды?

**Исход, 16–34:** Как вы думаете, почему израильтяне были так нетверды в вере, хотя видели потрясающие чудеса, такие как десять казней или разделение Красного моря? Каково было Богу слышать их ропот в пустыне? А у вас бывает искушение роптать из-за того, как обходится с вами Бог?

**Исход, 35–40:** Как реагировали израильтяне на Божье присутствие? Каким образом, по-вашему, Бог хочет явить Свое присутствие в вашей жизни? Как вы думаете, почему Божье водительство Израиля (через облако днем и огненный столп ночью, которые в любое время могли двигаться или стоять на месте) было столь непредсказуемо? Какой вывод можно сделать о том, как Он нас ведет?

**Левит:** В чем значимость Книги Левит для нас сегодня? Чего Бог ожидает от Своих детей, если судить по указаниям этой книги относительно поклонения и чистоты?

**Числа, 1–10:** Почему можно сказать, что мы тоже в пути — от освобождения к Земле Обетованной? Какие особенности жизни в пустыне знакомы также и вам?

**Числа, 11–36:** Как вы думаете, почему Бог столь жестко реагировал на ропот израильтян? Почему из-за их неверия целое поколение лишилось возможности увидеть, как исполнится Божье обетование?

**Второзаконие:** С точки зрения Бога, какова цель нашей жизни? Какие обязательства налагают на нас отношения с Богом? Какие преимущества они дают?

## ВСТРЕЧА 3

**Книга Иисуса Навина:** Как вы думаете, какую «территорию» Бог призывает вас завоевать для Своего Царства? Для вашей семьи? В профессиональной жизни? Какие истины из Книги Иисуса Навина помогут вам в этом?

**Книга судей Израилевых:** Замечали ли вы в своей жизни такую цикличность, как в Книге судей? Если да, как помогал вам Бог, когда вы к Нему взывали? Что открывает нам Книга судей о том, каких людей использует Бог?

**Книга Руфь:** Чем отношения между Руфью и Воозом похожи на наши отношения с Иисусом?

**Первая книга царств:** Как вы думаете, почему прошло так много времени от помазания Давида на царство до смерти Саула и фактического воцарения Давида? Чего Бог достиг за это время?

**Вторая книга царств:** Что значит быть человеком по сердцу Бога? Как это проявлялось в жизни Давида? Как это проявляется в вашей жизни?

**Третья книга царств:** Как вы думаете, почему столь мудрый человек, как Соломон, завершил жизнь в разочаровании и унынии? Почему мудрость не принесла ему счастья и удовлетворения?

**Четвертая книга царств:** Как бы вы реагировали на дела таких пророков, как Илия и Елисей? Что мы можем узнать из их примера о том, как говорит Господь? А как обычно реагируют люди (на примере израильтян)?

## ВСТРЕЧА 4

**Первая книга Паралипоменон:** Как вы думаете, почему Давид так стремился построить Богу храм? В чем была важность этого храма?

**Вторая книга Паралипоменон:** Почему Писание так высоко оценивает роль поклонения? Почему Израиль упорно возвращался к идолопоклонству? Как Бог напоминал Израилю о необходимости вернуться к Нему? Какие плоды приносит нам поклонение Богу?

**Книга Ездры:** Довелось ли вам испытать восстановление от Бога? Если да, то как именно? Что нового вы узнали о Нем в процессе восстановления? Как это изменило вас и углубило ваши отношения с Ним?

**Книга Неемии:** Чему можно научиться у Неемии (упорство в выполнении Божьей воли, решение конфликтов и устранение отвлекающих факторов)? Почему это важно в нашей жизни с Богом?

**Книга Есфирь:** Каким образом нам приходится «читать между строк» своей жизни, чтобы увидеть в ней Бога? Что привычнее для вас — приписывать происходящее Богу или человеческим поступкам? Или и тому, и другому? Почему?

**Книга Иова:** Какие обстоятельства побуждают вас усомниться в Божьей благости? Почему наше поклонение не должно зависеть от обстоятельств? Почему нельзя применять стандартные библейские объяснения к трудностям в нашей собственной жизни или жизни других людей?

## ВСТРЕЧА 5

**Псалмы 1–40:** Что говорят нам Псалмы о путях сближения с Богом? Как вы думаете, почему Бог вдохновил псалмопевцев на написание текстов с таким широким спектром человеческих эмоций?

**Псалмы 41–71:** Насколько вы честны с Богом в своих молитвах? Каким образом Книга псалмов помогает нам молиться, когда мы не знаем, что сказать Богу?

**Псалмы 72–88:** Когда плач приносит пользу в духовной жизни, а когда затмевает собой Божью надежду? Как правильно горевать, не скатываясь в пессимизм?

**Псалмы 89–105:** Что происходит в нас, если мы поклоняемся вопреки внутренним противоречиям или жестокой боли? Почему радость, благодарность и хвала уместны в любой ситуации?

**Псалмы 106–150:** В каком смысле мессианские пророчества Книги псалмов отвечают на нужды и желания, выраженные в каждом псалме?

**Книга притч Соломоновых:** В чем опасность восприятия притч как жестких, неизменных принципов, непреложных в любой ситуации? Как могут они (и любые другие отрывки Писания) заменить наши отношения с Богом? Как правильно использовать их в своей жизни?

**Книга Екклесиаста:** Каким образом Книга Екклесиаста указывает на Иисуса? Как эта книга отражает некоторые современные философские течения и подходы к жизни?

**Книга Песнь песней:** Что Песнь песней — ода интимным отношениям в браке — открывает нам о Боге и Его характере?

Будучи аллегорией наших отношений с Богом, что эта книга говорит нам о Нем?

## ВСТРЕЧА 6

**Книга пророка Исаии, 1–39:** Каким образом книга Исаии отображает Библию в целом? Почему ее так часто цитируют в Новом Завете?

**Книга пророка Исаии, 40–59:** Что мы узнаем о власти Бога над историей из пророчеств Исаии о восстановлении и Мессии? Как они свидетельствуют об Иисусе? Могут ли они дать вам надежду в ваших текущих нуждах и обстоятельствах?

**Книга пророка Исаии, 60–66:** Какова наша роль в приходе Божьего Царства? Как мы можем «восстать» и «светить» Божьей славой в нас? Что подразумевается под «новыми небесами и новой землей» в Ис. 65:17?

**Книга пророка Иеремии, 1–29:** Почему миссия олицетворять Божье сердце не всегда радостна? Почему Бог не дал Иеремии более приятного задания? Изменилось ли ваше восприятие Бога, когда вы узнали, что Он может горевать и чувствовать боль? Почему (или почему нет)?

**Книга пророка Иеремии, 30–52:** Почему, чтобы любить Бога и следовать за Ним, нам необходимо новое сердце?

**Плач Иеремии:** Как вы думаете, почему Бог послал Иеремию проповедовать, если знал, что Его народ не станет слушать? Почему в самые темные времена, переживая ужасные неудачи и глубочайшую боль, важно помнить, что Божья милость обновляется каждое утро? Как мы можем испытать Его обновленную милость?

**Книга пророка Иезекииля, 1–39:** Почему образ Бога, вдыхающего жизнь в высохшие кости, передает Его идею доходчивее, чем просто изложение сути? Использовал ли Бог зрительные образы, чтобы донести Свою истину вам? Если да, то как они на вас повлияли?

**Книга пророка Иезекииля, 40–48:** Какие составляющие Божьего процесса возрождения творения может реализовать только Он? В каких его аспектах мы можем участвовать уже сейчас?

## ВСТРЕЧА 7

**Книга пророка Даниила, 1–6:** Как понять, когда нужно адаптироваться к культурным условиям, а когда следует оставаться бескомпромиссными? Каким образом пример Даниила учит нас отстаивать свое мнение? Как вы думаете, проницательность Даниила — это особый, исключительный случай или пример, которому мы можем подражать? Обоснуйте свое мнение.

**Книга пророка Даниила, 7–12:** Почему Даниил стал усердно молиться и поститься, узнав из пророчества Иеремии, что пленение продлится только семьдесят лет? Считаете ли вы исполнение Божьих обещаний неизбежным и независимым от наших усилий? Или думаете, что их нужно «вымаливать» и брать верой? Почему?

**Книга пророка Осии:** Почему неверность Богу считается прелюбодеянием? Почему израильский народ отдал свое сердце другим богам? Каким образом мы делаем то же самое в наше время?

**Книга пророка Иоиля:** Какие условия Бог установил для Своего народа, чтобы люди могли быть в живых и действенных отношениях с Ним? Какую роль играет покаяние в возникновении или поддержании этих отношений?

**Книга пророка Амоса:** Как вы думаете, актуальны ли для большинства христиан темы пророчества Амоса — угнетение, несправедливость, эксплуатация бедных и другие социальные вопросы? Почему? Какой реакции на эти проблемы Бог ждет от нас сегодня?

**Книга пророка Авдия:** Как принцип «что посеешь, то и пожнешь» относится к нам в свете нашего спасения? Как мы можем использовать его в свою пользу?

**Книга пророка Ионы:** Почему Бог хотел, чтобы Иона питал к ниневитянам те же чувства, что и Он? Почему это оказалось так сложно для пророка? В чем именно мы должны разделять Божьи чувства сегодня? Какие затруднения у вас при этом возникают? Почему?

## ВСТРЕЧА 8

**Книга пророка Михея:** Какие духовные опасности подстерегают нас в самодовольном, процветающем обществе? Почему многие христиане считают сексуальную распущенность большим грехом, чем несправедливость?

**Книга пророка Наума:** Что вы чувствуете, когда читаете газетные заголовки о нестабильности в мире? Легко ли вам верить в Божью власть над глобальными событиями?

**Книга пророка Аввакума:** Как Аввакуму удалось решить для себя вопрос о Божьей благости? Что стало ключом к способности находить радость вопреки обстоятельствам?

**Книга пророка Софонии:** Как вы думаете, насколько самодовольна и пассивна современная церковь? В чем опасность такого самодовольства? Почему важно знать, что Бог держит верующих на руках и радуется за них?

**Книга пророка Аггея:** Насколько мы жаждем Божьего присутствия? В каких наших действиях это проявляется? Что мы можем сделать, чтобы в большей мере ощущать это присутствие? Как Бог реагирует, когда мы отдаем Ему пальму первенства в каждой сфере нашей жизни?

**Книга пророка Захарии:** Что вы чувствуете, когда думаете о том, что Бог ревнует о вашем сердце? Что должно случиться в вашем сердце, чтобы оно безоговорочно ответило на Божью любовь?

**Книга пророка Малахии:** Случалось ли вам разочаровываться Божьей работой в вашей жизни? Как вы думаете, что сказал бы Бог о ваших обманутых надеждах? Каким образом и насколько наш образ жизни определяет то, как Бог относится к нам?

## ВСТРЕЧА 9

**Новый Завет:** В каких случаях вам особенно необходимо видеть смысл и цель в жизни? Как сильно вы хотите, чтобы Бог проявил Себя в вашей жизни и показал, как поступать правильно? Почему Бог иногда ждет так долго, чтобы исполнить Свои обещания?

**Евангелие от Матфея, 1–16:** Какие аспекты Божьего Царства для вас важнее всего? Как Иисус утверждает Свое Царство в вашей жизни? Как Он действует в мире вокруг вас?

**Евангелие от Матфея, 17–28:** В чем радикальное отличие ценностей Царства Иисуса Христа от ценностей этого мира? Насколько трудно придерживаться принципов Божьего Царства, живя в мире? Как нам воплощать в своей жизни Благую весть?

**Евангелие от Марка:** В каких ситуациях вам необходимо услышать слова Иисуса: «Не бойся, только веруй»? Почему это повеление уместно в любой сфере нашей жизни? Зачем Бог сделал веру необходимым аспектом отношений с Ним?

**Евангелие от Луки:** служение Иисуса: Как следование за Иисусом меняет наше представление о людях? Как оно меняет наш взгляд на мир?

**Евангелие от Луки:** притчи Иисуса: Как притчи Иисуса меняют наше представление о молитве? А наше представление о себе как о Божьих детях?

**Евангелие от Иоанна, 1–12:** Какие вы видите подтверждения того, что Евангелие от Иоанна наиболее сосредоточено на отношениях? Как оно доказывает, что Бог хочет, чтобы мы Его знали?

**Евангелие от Иоанна, 13–21:** Как сказывается единство с Иисусом на нашем мироощущении? На наших действиях? На наших отношениях? Как мы можем черпать жизнь из Него?

## ВСТРЕЧА 10

**Деяния апостолов, 1–12:** Как уравновесить необходимость планирования собственной жизни с откликом на побуждения Святого Духа? Как узнать, когда нужно сменить направление, чтобы последовать за Ним? Почему так важно действовать по велению Духа?

**Деяния апостолов, 13–28:** Позволяете ли вы Святому Духу вести и удивлять вас? Как Бог уже менял ваш образ мыслей в прошлом? Как много времени вам обычно нужно, чтобы приспособиться к Нему?

**Послание апостола Иакова:** Почему многие люди недопонимают взаимосвязь между верой и делами? Как Иаков объясняет эту взаимосвязь?

**Первое послание апостола Петра:** Почему нас не должны удивлять искушения и испытания? Как знание о том, кем мы являемся и каково наше будущее наследие, помогает нам сейчас в трудных ситуациях?

**Второе послание апостола Петра:** Что означает быть причастными к Божьему естеству? Как вы считаете, христиане слишком сильно полагаются на это обетование или, наоборот, недостаточно? Почему?

**Первое послание апостола Иоанна:** Что означает «ходить во свете, как Бог во свете»? Как конкретно мы можем так поступать?

**Второе послание Иоанна:** Как, по-вашему, можно ли любить Бога, но не повиноваться Ему? Можно ли слушаться Бога, но не любить Его? Что важнее для Бога — наша любовь или повиновение? Почему?

**Третье послание апостола Иоанна:** Опишите человека, который ходит в свете и близко следует за Иисусом? Какой у него характер? Какие ему свойственны поступки? Насколько вы сейчас соответствуете этому описанию?

## ВСТРЕЧА 11

**Послание апостола Иуды:** Актуальны ли сегодня резкие высказывания Иуды в сторону тех, кто извращает евангелие благодати, оправдывая им свою похоть? Почему (или почему нет)? Как сочетаются в Иисусе доброта и суровость?

**Послание к римлянам, 1–8, 12–16:** Почему важно считать себя умершими и воскресшими с Иисусом, другими словами, принять Святого Духа как источник жизни внутри нас? Как отличить попытки послушания Богу «своими силами» от внутреннего подчинения под преображающим воздействием силы Святого Духа?

**Послание к римлянам, 9–11:** Исполнение каких Божьих обещаний вы ждете? Как может ободрить вас Послание к римлянам в минуты, когда кажется, что Бог не действует через вас?

**Первое послание к коринфянам:** Насколько та любовь, которую Павел описывает в тринадцатой главе Первого послания к коринфянам, способна на практике решить наши проблемы в отношениях? Почему такая любовь редко встречается и ее так сложно сохранить?

**Втрое послание к коринфянам:** Каким образом наши нынешние страдания производят в нас вечную славу? Что дает нам уверенность, что наши недостатки — не помеха действующей в нас Божьей силе?

## ВСТРЕЧА 12

**Послание к галатам:** В чем разница между жизнью по Духу и жизнью по плоти? Почему нам не стоит беспокоиться, что жизнь по Духу вместо соблюдения Закона сделает нас неправедными?

**Послание к ефесянам:** Почему сложно поверить в некоторые истины о жизни с Иисусом, например, что мы посажены с Иисусом на Небесах или исполнены Божьей полноты? Как мы можем испытать эти истины на практике?

**Послание к филиппийцам:** Как мы можем радоваться в любых обстоятельствах? Как ощущать мир в трудные времена? Что означает достичь смирения в наших отношениях с Богом и другими людьми?

**Послание к колоссянам:** Каким образом, «помышляя о горнем» и глядя на Иисуса, мы восполняем свои духовные нужды? Почему такой подход к духовному росту угоден Богу и позволяет Ему сблизиться с нами?

**Первое послание фессалоникийцам:** Как наша надежда на возвращение Иисуса влияет на наш образ жизни? На наши поступки? На нашу чистоту? На отношения с другими людьми?

**Второе послание к фессалоникийцам:** Как совместить готовность к возвращению Иисуса и ответственность за планирование будущего? Почему терпение так важно для Божьего Царства?

## ВСТРЕЧА 13

**Первое послание к Тимофею:** Считаете ли вы, что некоторые христиане и церкви сегодня разделены из-за несущественных деталей и погрязли в надуманных аргументах? Обоснуйте ваше мнение. Какие существенные убеждения должны разделять все христиане?

**Второе послание к Тимофею:** Как сравнения с воином и земледельцем помогают нам сосредотачиваться на самом важном? Почему необходимо избавиться от всего, что отвлекает нас в духовной жизни?

**Послание к Титу:** Замечаете ли вы, что разделили жизнь на части и не допускаете Бога в те или иные ее сферы? Если да, что вы можете сделать, чтобы принять спасение во всей его полноте?

**Послание к Филимону:** Чем история Онисима похожа на евангелие?

**Послание к евреям:** Почему вера невозможна без выдержки и терпения? А почему невозможно угодить Богу без веры?

**Откровение Иоанна, 1–3:** Кто такие «побеждающие»? Какие обетования Иисус дает этим людям?

**Откровение Иоанна, 4–22:** Почему для нас важно знать конец истории, пока мы живем в ее середине? Как общая картина полноты и радости, изображенная в главах 21–22 Откровения, влияет на нашу жизнь сегодня?

## О «Путешествии по Библии»

Вот уже более тридцати лет «Путешествие по Библии» разрабатывает ресурсы для ученичества, а также обучает преподавателей, которые совместными усилиями служат миллионам людей через проведение семинаров, распространение литературы, аудио- и видеокурсы и интернет-проекты. Известная инновационными методами и высококачественными материалами, эта миссия служит всему Телу Христову, не останавливаясь перед границами конфессий, культур и стран.

В материалах «Путешествия по Библии» истина Божьего Слова излагается понятно и доступно для каждого. Эта организация предана своему делу: разработке удобных в использовании ресурсов, основанных на Библии, отличающихся высоким качеством, изменяющих жизнь отдельных людей, церквей, служений и движений. Важной ценностью организации является также международное партнерство, строящееся на принципах искренности и честности.

«Путешествие по Библии» сотрудничает с поместными церквами по всему миру, помогая людям «идти по Библии» с большей ясностью и пониманием. «Живые» семинары и видеокурсы для малых групп преподают более чем тридцать тысяч человек, на более чем сорока пяти языках, в более чем ста странах. Ежегодно различные печатные материалы «Путешествия по Библии» попадают в руки более чем пяти миллионам человек.

## Об авторе

Книги Криса Тайгрина стали источником вдохновения для миллионов людей. Крис — автор книг для молитвенного чтения: «У ног Его», «52 истории из Библии», «С Богом каждый день», а также дискуссионных пособий «Путешествие по книге Деяния апостолов», «Путешествие по жизни Соломона», «Путешествие по жизни Иосифа», «Путешествие по Книге Есфирь».

Его опыт служения в качестве миссионера, пастора, журналиста и университетского преподавателя налагает особый отпечаток на его произведения. В настоящее время Крис Тайгрин является редактором «Путешествия по Библии».

Богословсько-навчальне видання

Російською мовою

Серія «Біблія на кожен день»

Кріс Тайгрін

**Біблія за 90 днів**

Переклад з англійської

Перекладач Надія Бражник
Редактор Валентина Новомирова
Коректор Анна Назаренко
Комп'ютерна верстка та дизайн: Лариса Яковенко
Відповідальний за випуск: Юрій Шелестун

Відділення корпорації «Подорож по Біблії»
Реєстраційне свідоцтво ДК №2294
А/с 81, Київ, Україна, 02068
тел.: +38 044 331 8774
E-mail: wtb@wtb.kiev.ua
Наша адреса в Інтернеті: www. wtb.kiev.ua

Підписано до друку 15.09.2015.
Формат 60x90/16. Папір офсетний. Друк офсетний.
Тираж 4000 пр. Зам. № 5-09-2505.

Віддруковано у ПРАТ «Харківська книжкова фабрика "Глобус"»
61012, м. Харків, вул. Енгельса, 11.
Свідоцтво ДК № 3985 від 22.02.2011 р.
www.globus-book.com